경제가 이렇게 재미있다니!
50만 독자가 선택한 경제입문서!

만화 경제 상식사전

글·그림 조립식 | 원작 김민구

길벗

만화 경제 상식사전
The Economy in Cartoons

초판 1쇄 발행 · 2011년 2월 17일
초판 8쇄 발행 · 2014년 2월 28일
개정판 1쇄 발행 · 2016년 1월 15일
개정판 17쇄 발행 · 2022년 10월 31일
개정2판 1쇄 발행 · 2024년 1월 26일
개정2판 5쇄 발행 · 2025년 6월 27일

글, 그림 · 조립식 | **원작** · 김민구
발행인 · 이종원
발행처 · (주)도서출판 길벗
출판사 등록일 · 1990년 12월 24일
주소 · 서울시 마포구 월드컵로10길 56
대표 전화 · 02)332-0931 | **팩스** · 02)323-0586
홈페이지 · www.gilbut.co.kr | **이메일** · gilbut@gilbut.co.kr

기획 및 책임편집 · 이재인(jlee@gilbut.co.kr) | **디자인** · 박상희
제작 · 이준호, 손일순, 이진혁 | **마케팅** · 정경원, 김진영, 류효정
유통혁신 · 한준희 | **영업관리** · 김명자, 심선숙, 정경화 | **독자지원** · 윤정아

교정교열 · 김동화 | **전산편집** · 김정미
인쇄 · 정민 | **제본** · 정민

- 이 책은 저작권법의 보호를 받는 저작물로 이 책에 실린 모든 내용, 디자인, 이미지, 편집 구성은 허락 없이 복제하거나 다른 매체에 옮겨 실을 수 없습니다.
- 인공지능(AI) 기술 또는 시스템을 훈련하기 위해 이 책의 전체 내용은 물론 일부 문장도 사용하는 것을 금지합니다.
- 잘못된 책은 구입한 서점에서 바꿔 드립니다.

© 조립식, 김민구, 2024
ISBN 979-11-407-0769-0 03320
(길벗도서번호 070502)

가격 18,000원

독자의 1초를 아껴주는 정성 '길벗출판사'

(주)도서출판 길벗 | IT단행본&교재, 성인어학, 교과서, 수험서, 경제경영, 교양, 자녀교육, 취미실용 www.gilbut.co.kr
길벗스쿨 | 국어학습, 수학학습, 주니어어학, 어린이단행본, 학습단행본 www.gilbutschool.co.kr

경제 전문가, 유명 만화가가 극찬한 책!

알차면서도 쉽다는 기분 좋은 착각을 불러일으키는 경제 책!

올해 한국 경제 전망이 어떨지, 경제정책은 올바른지 등을 이해하려면 경제에 대한 기본 개념이 잡혀 있어야 한다. 《만화 경제 상식사전》은 경제의 기본 개념과 이론들을 만화라는 툴을 차용해 쉽게 풀어썼다. 책에서 다루는 경제 개념은 결코 적지 않음에도 가볍다는 기분 좋은 착각을 불러일으킨다.

삼성경제연구소 거시경제실 수석연구원 | 신창목

경제 책을 보면서 키득거릴 수 있다니! 대단한 책이다!

시사 만화든 경제 만화든 만화는 역시 재미있는 게 최고다. 재미있으면 어려운 내용도 머릿속에 쏙쏙 들어오게 마련이니까. 신문의 경제면을 보며 물음표를 떠올리던 내가 경제 책을 보면서 키득거릴 수 있다니! 조립식의 《만화 경제 상식사전》은 분명 대단한 책이다.

만화가, 일러스트레이터 | 이우일

소수 전문가의 전유물을 넘어 국민 다수가 재미있게 볼 책!

경제는 용어가 어렵고 개념이 난해해 소수 전문가의 전유물처럼 이용되어왔고, 국민 다수가 쉽게 접하기 어려웠던 것이 사실이다. 《만화 경제 상식사전》은 비경제 전문가뿐 아니라 어린이와 청소년까지 많은 사람에게 쉽고 재미있게 경제 개념을 심어줄 것이다.

《주식투자 무작정 따라하기》 저자 | 윤재수

재미와 정보, 두 마리 토끼를 잡은 완성도 높은 책

누구보다 만화를 사랑하는 사람으로서 이런 책을 내주어서 너무나 감사하다. 만화의 장점은 재미있게 잘 읽힌다는 점인데, 이 책도 읽다 보면 '아, 경제 책인데 이렇게 술술 넘어가도 되나?' 싶을 만큼 내용이 쉽게 이해된다. 그리고 중간중간 경제용어를 정리해준 코너가 있어 완급 조절이 가능하다. 용어가 어려우면 다시 만화로 돌아가면 된다. 독자의 빠른 이해를 도와주는 친절하면서도 완성도 높은 책이다.

카투니스트, 《비빔툰》 저자 | 홍승우

경제가 돌아가는 원리를 알고 싶은 모든 이에게 추천!

이 책은 현대 경제가 돌아가는 원리를 이해하려면 꼭 알아야만 하는 개념들을 너무나도 쉽고 재미있게 설명하고 있다. 요즘의 복잡한 경제를 이해하고 싶은 모든 사람에게 강력하게 추천하고 싶다. 매우 유익하고 재미있는 책이다.

《부채의 습격》 저자 | 김동현

이 책을 읽어본 독자들의 뜨거운 격찬!

경제에 만화라는 당의정을 씌우다!

몸이 아플 땐 쓰디쓰지만 그 약을 먹어야 몸이 좋아질 텐데 너무 써서 먹질 못하니 입히는 게 '당의정'이죠? 고(故) 고우영 화백이 말하셨다는 "만화는 당의정"이라는 말에 더더욱 공감하게 만든 책입니다. 어렵고 지루하게만 느껴지던 경제용어들이 만화라는 당의정을 입고서 실감나게 머리에 와서 박히니 말입니다. "아하! 이렇게 이해하면 되겠구나!" 하고 무릎을 치게 만드는 경제 이야기가 가득 담긴 책, 강추입니다!

– lippie

책장에 꽂아놓고 두고두고 펼쳐볼 책!

"만화만 보다가 경제 놓칠라"라고 너스레를 떨며 만화 사이사이에 넣어놓은 '알짜 경제용어를 잡아라'하며, 조그만 팁 박스, 미세하게 알던 유명 경제학자들을 알차게 정리해놓은 '알아두면 좋은 경제학자' 코너까지! 한 번만 읽기에는 아까운 내용들이. 이름부터 '사전'이니 책장에 꽂아놓고 두고두고 펼쳐봐야겠다!

– 나의중심

50만이 선택한 유쾌한 경제 교과서!

'50만 독자가 선택한 책'이라는 문구에 먼저 눈길이 갔다. 과연! 책을 읽으면서 자연스럽게 경제는 어렵고 머리만 아픈 장르라는 고정관념에서 벗어날 수 있었다. 이 책은 길벗출판사의 베스트셀러인 《경제상식사전》에서 핵심만 쏙쏙 뽑아 만화로 재구성한 경제 교과서다. 경제를 어려워하는 어린 친구들에게도 큰 도움이 될 것 같다.

– 사랑해유

중학생도 키득거리면서 볼 수 있는 경제 책!

제가 읽고 있는 게 재미있어 보였는지 중학생 아들 녀석이 냉큼 빼앗아 읽더라고요. 만화라서 그런지 거부감 없이 키득거리면서 읽고선 재미있다고 난리입니다. 저도 어려워하는 경제 관련 책을 끝까지 읽게 한 것만으로도 높은 점수를 주고 싶네요. 평소 경제에 전혀 관심이 없던 아들 녀석이기 때문에 더더욱이요!

– chess1015

《먼나라 이웃나라》의 경제 버전 같은 책

어렸을 때 읽은, 다른 나라의 경제, 문화, 역사 등을 쉽고 재미있게 설명해준 《먼나라 이웃나라》가 떠오르는 책이다. 이 책을 발견하지 못했다면 아직도 경제는 어렵고 재미없다고 생각했을지도 모른다. 답답하던 속이 뻥 뚫리는 기분! 경제에 대한 개념이 정확히 잡혀 있지 않은 사람들에게는 적극 추천하고 싶다.

– 하리에

THE ECONOMY IN CARTOON

경제 문외한에게 한 줄기 빛이 되는 책
평소 경제 이야기만 나오면 입을 다무는 경제 문외한입니다. 이런 저에게 드디어 한 줄기 빛이 되는 경제 책이 생겼네요. 만화로 읽으니 너무나 쉽고 재미있어요. 특히 '알아두면 좋은 경제학자' 코너로 경제의 전체 흐름을 한눈에 볼 수 있었던 것 같아요. 최고입니다!
― tnal90

전문적인 부분도 쉽게 풀어준 책
지나치게 전문적이고 딱딱한 경제 도서들 사이에서 한 줄기 빛 같은 책! 아무리 어려운 부분도 쉽게 읽고 이해할 수 있었어요. 매 장마다 깔끔하게 정리되어 있는 경제 개념들과 책 내용을 다시 한 번 정리해주는 경제 상식 퀴즈 덕분에 어렵지 않게 경제를 배울 수 있었습니다.
― sa2590

당신을 '경제 상식 부자'로 만들어줄 경제 책
경영학과를 졸업했지만 써먹지 않으니 경제 상식들이 점점 가물가물해지더군요. 그때 《만화 경제 상식사전》을 만났습니다. 칙칙한 경제 도서 코너에서 단연 눈에 띄더군요. 귀엽고 친근한 캐릭터들이 풀어주는 경제 이야기를 읽으면 당신도 어느새 경제 상식 부자가 되어 있을 것입니다.
― 민트여사

뉴스에서 본 그 경제용어가 여기에!
뉴스나 인터넷 기사에서 얼핏 본 단어들이 줄줄 나와 "아~ 그게 이 뜻이었구나!" 하는 말을 절로 하게 되더라고요. 특히 중간중간 관련 경제용어들을 정리해준 '알짜 경제용어를 잡아라'를 통해 다양한 경제용어를 배울 수 있어서 너무 좋았어요.
― 레몬향기

《경제 상식사전》의 핵심만 모았다!
《경제 상식사전》의 핵심만 쏙쏙 뽑아 더 쉽게, 더 재미있게 만들었다. 저자 특유의 유머 감각에 피식피식 웃으면서 머릿속을 가득 채워가는 이 기분! 읽어보지 않은 사람은 모를 걸?
― hsj8803

시간이 아깝지 않은 책
포항에서 부산으로 이동하는 버스에서 단숨에 읽어버렸습니다. 원래 만화책은 투자 대비 시간이 매우 아까운 책이라고 생각했는데, 그것은 저의 편견이었어요. 만화라는 도구를 통해 원작의 설명을 제대로 풀어냈습니다. 시간이 하나도 아깝지 않네요.
― hwayoujun

어려운 경제 지식에 만화라는 당의정을 씌웠습니다!

입에 달면서 몸에도 좋은 약은 없을까요? 몸에 좋은 건 쓰고, 생존을 위해 꼭 알아야 한다는 '경제'는 어렵기만 합니다. 존경하는 만화가 고(故) 고우영 화백께서 "만화는 당의정"이라고 말씀하셨습니다. 아무리 어려운 것도 만화라는 당의정을 씌우면 쉽게 넘어가기 때문이겠죠.

'경제'를 씹고 씹어 이해하기 쉽게 그렸습니다

그동안 저에게 '경제 = 어려운 것'이라 피하고 무시하며 살았습니다. 그런데 요즘은 경제를 모르면 생존을 위협받을 정도로 우리 삶에서 중요한 부분을 차지하게 된 것 같아요. 그래서 원작인《경제 상식사전》을 읽고 또 읽으며 만화로 한 겹 씌워《만화 경제 상식사전》으로 만들어보았습니다. 작업하는 동안 원작을 잘근잘근 씹어 만화를 읽는 분들이 즐겁게 경제 상식을 얻을 수 있도록 그렸습니다.

경제 문외한이 맥을 잡을 수 있도록 알차게 담았습니다

이 책이 경제에 대한 관심의 첫걸음이 되었으면 합니다. 이 책을 만들어나가면서 경제에 문외한이던 제가 경제에 흥미를 갖게 된 것처럼 말이죠. 그동안 알지 못했던 용어의 숨은 뜻을 파헤치고, 역사적 기원을 따라가는 일은 흥미진진한 작업이었습니다. 기본 개념이 갖춰지자 경제정책과 시장의 원리에 대해서도 섭렵하게 되었고, 이번 개정판 진행으로 그동안 업데이트된 경제 지식을 정리하며 처음 책을 쓸 때의 열정도 다시 되새기게 되었습니다. 보다 많은 분들이 이

THE ECONOMY IN CARTOON

책을 재미있게 읽고, 경제의 기본부터 최신 뉴스까지 두루 섭렵했으면 좋겠습니다. 저의 또 다른 경제 만화《만화 경제학 강의》를 함께 보시면, 경제학자들의 사상과 경제학의 역사를 함께 익히며 튼튼한 경제 상식을 자신의 것으로 만들 수 있을 것입니다.

《만화 경제 상식사전》이 세상에 나올 수 있도록 도와주신 도서출판 길벗 경제경영 1팀에 깊은 감사를 드리고, 언제나 한결같이 지지해주시는 부모님과 남편, 많은 도움을 준 동생, 언젠가 다시 만날 깐돌이에게 고맙다는 말을 전하고 싶습니다.

조립식

지적 충만감, 호기심, 재미까지 세상에서 제일 쉬운 책!

경제는 우리 생활 곳곳에 숨어 있습니다

우리가 어떤 공부를 할 때 흔히 던지는 질문이 있습니다. '그 분야를 공부하는 것이 일상생활에 무슨 도움이 될까?'입니다. 경제 분야에도 이런 생각을 지닌 이들이 있을 것입니다. 각종 이론 때문에 경제가 배우기 어렵고 복잡한 학문이라는 그릇된 인식을 가질 수도 있습니다.

그런데 경제는 우리가 학교에서 배운 여러 분야 가운데 우리 일상과 가장 밀접하게 연결된 영역입니다. 기준금리를 비롯해 각종 물가, 환율, 부동산, 주식, 무역 등은 우리가 살아가는 데 반드시 알아두어야 하는 기본적이면서도 매우 중요한 개념이기 때문입니다.

예를 들어 기준금리가 오르면 여유자금을 어디에 투자해야 할지 고민할 수밖에 없고, 환율이 크게 오르면 수입과 수출 등이 한국 경제에 미치는 영향에 촉각을 곤두세울 수밖에 없습니다. 또한 주식이나 부동산에 투자할 때 주식시장이나 부동산시장에 대한 기본 개념을 알지 못한다면 소중한 돈을 날려버릴 수도 있습니다.

그뿐만이 아닙니다. 최근에는 인간이 선택하는 각종 결정과 행동을 연구하는 '행동경제학'도 각광을 받고 있습니다. 이러한 점을 종합적으로 고려할 때 결국 경제는 우리의 삶과 불가분의 관계에 있다고 봐야 합니다.

고전 경제이론부터 최신 경제 트렌드까지!

《만화 경제 상식사전》은 50만 명의 독자를 확보한 베스트셀러《경제 상식사전》

THE ECONOMY IN CARTOON

내용 중 반드시 알아야 할 핵심 내용만 골라 만화로 재미있게 풀어냈습니다. 《만화 경제 상식사전》은 어렵게 느껴지는 경제이론을 그림과 함께 매우 쉽고 명쾌하게 배울 수 있다는 점이 최대 장점입니다.

그렇다고 만화 내용이 허술하게 다루어진 것은 아닙니다. 만화에 포함된 설명 한 줄 한 줄에 특정 경제이론이 등장하게 된 역사적 배경을 비롯해 전개 과정 그리고 최근 추세와 향후 전망 등을 면밀하게 분석해 담았기 때문입니다.

또한 이 책에서 다룬 주제도 최신 경제 화두를 담으려 노력했습니다. 이에 따라 경제 현상을 파악하는 데 반드시 알아야 할 경제학 이론은 물론 비트코인 등 가상화폐를 비롯해 ESG 경영, 친환경 에너지, 다국화되고 있는 국제 경제 체제 등 최근 언론에 자주 등장하는 각종 경제 현상을 꼼꼼하게 다루었습니다.

경제학을 공부하고 싶지만 경제이론에 대한 막연한 불안감으로 쉽게 나서지 못하는 이들과 최신 경제를 보다 쉽고 재미있게 배우고 싶어 하는 이들에게 《만화 경제 상식사전》은 좋은 지침서가 될 것입니다.

《경제 상식사전》 저자 김민구

등장인물 소개

익호
엉뚱하고 흥분도 잘하지만 경제를 알고자 하는 열의가 가득한 익호군. 아는 것이 나오면 바로 잘난 척 모드로 전환! 모르는 게 나오면 풀이 죽지만 미워할 수 없는 캐릭터예요.

노미
익호군보다 아주 조금 경제를 더 아는 노미양. 도도하고 완벽해 보이지만, 잘생긴 남자 앞에선 한없이 무너지는 사랑스러운 캐릭터예요.

골디락스
엉뚱발랄, 예측불허 골디락스양. 어딘가 허술하고 경제에도 무지하지만, 《만화 경제 상식사전》에서 미모를 담당하고 있답니다.

깐돌이
똑똑하고 야무진 깐돌이. 경제에 대해 모르는 게 없는 경제 박사 고양이에요. 깐돌이가 이끄는 경제로의 여행, 모두 함께 해요~

팁덕
변신의 귀재 팁덕. 오리인지 오리너구리인지 정체가 불분명하지만 매번 어떤 변신을 할지 기대가 되는 캐릭터예요. 팁덕의 변신 놀이에 빠져보세요.

이 책을 보는 법

✓ **만화로 경제도 술술~**
어려운 경제도 키득거리며 읽을 수 있어요.
재미있게 경제를 읽어보세요.

✓ **Tip 만화에 등장한 경제용어 복습**
각 장에서 중요한 개념들을 만화 말미에 정리해두었어요. 각 장의 핵심을 보여주는 팁덕의 다채로운 변신도 눈여겨보세요.

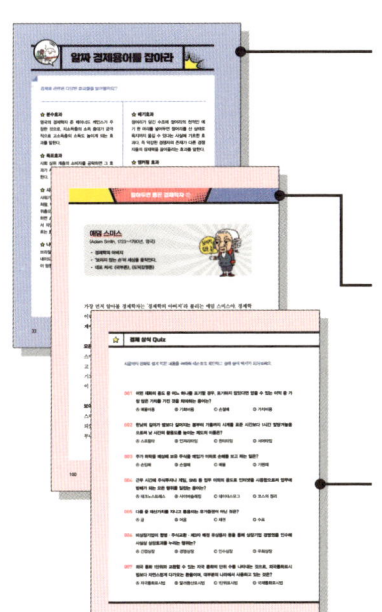

✓ **만화만 보다가 경제 놓칠라~
'알짜 경제용어를 잡아라'**
만화가 아무리 재미있어도 경제용어는 확실히 익히고 가야겠죠? 신문에, 경제학 서적에, 대기업 입사시험 등에 빈번하게 나오는 용어들을 따로 모았어요. 재미와 경제를 함께 잡으세요.

✓ **'알아두면 좋은 경제학자' 코너**
경제학자의 이론이 흘러온 경로를 보면 현대사회의 경제가 어떻게 형성되었는지 알 수 있어요. 현대 경제의 토대를 만든 8명의 경제학자를 만나볼까요?

✓ **경제 상식 퀴즈**
책을 다 읽었으면 얼마나 이해했는지 문제를 풀면서 체크해봅시다!

차례

첫째마당 알아두면 피가 되고 살이 되는 경제 상식

- **001** 잘 모르면 바가지 쓰는 곳! **레몬마켓** ·········· 20
- **002** 누르면 다른 곳이 부풀어오르는 **풍선효과** ·········· 23
- **003** 세계를 두려움에 떨게 하는 **검은 백조** ·········· 25
- **004** 미래를 위한 **ESG 경영**과 흉내만 내는 **그린워싱** ·········· 28
  - ☆ 알짜 경제용어를 잡아라 ·········· 32
- **005** 시장을 이끄는 소비자들! **~슈머** ·········· 33
- **006** 경제성장, 물가안정! 최고의 상태 **골디락스** ·········· 38
- **007** 우리 경제를 **보이지 않는 손**이 조종한다고? ·········· 41
  - ☆ 알짜 경제용어를 잡아라 ·········· 45
- **008** 꿩 대신 닭 **대체재**, 시너지 내는 **보완재** ·········· 46
- **009** A와 B 중 고민하는 **기회비용**, 오랜 연인과 못 헤어지는 **매몰비용** ·········· 49
- **010** 레드오션, 블루오션의 장점을 조합한 **퍼플오션** ·········· 54
  - ☆ 알짜 경제용어를 잡아라 ·········· 58
- **011** 비쌀수록 잘 팔리는 **베블런 효과**가 20:80의 **파레토 법칙**을 증명한다? ·········· 59
- **012** 인터넷은 점점 진화한다! **웹 3.0** ·········· 63
- **013** 독감, 범죄도 미리 예방한다! 인간을 분석하는 **빅데이터** ·········· 66
- **014** 내 집은 깨끗하게, 공공화장실은 더럽게 쓰는 **공유지의 비극** ·········· 70

	☆ 알짜 경제용어를 잡아라	73
015	나라 경제의 가계부 **국제수지**, 순이익은 **경상수지**	74
016	사람 기준의 **GNP**보다 장소 기준의 **GDP**가 대세	77
017	일반인도 경제를 전망한다! **단칸지수**, **소비자신뢰지수**, **BSI**	80
	☆ 알짜 경제용어를 잡아라	84
018	유럽의 여름은 시간이 거꾸로 흐른다? **서머타임제**	85
019	경제의 기본 원소인 돈, **부채**가 있어야 존재한다!	88
020	화폐 단위가 바뀌면 물가가 오른다? **리디노미네이션**	91
021	회계장부에 조명발과 화장발을 더하면? **분식회계**	93
022	주식으로 하는 공격과 방어의 향연, **적대적 M&A**	95
	☆ 알짜 경제용어를 잡아라	99
	알아두면 좋은 경제학자 ① 애덤 스미스	100
	알아두면 좋은 경제학자 ② 토머스 맬서스	102

둘째마당 이야기로 읽는 경제 흐름

023	반도체 설계만 하는 **팹리스**와 제조만 하는 **파운드리**	106
024	유연한 일자리 **긱 이코노미**	109
025	돈은 돈인데 만질 수 없는 돈 **디지털 화폐**	113
	☆ 알짜 경제용어를 잡아라	116

차례

026	가상과 현실이 공존하는 **메타버스**	117
027	투기의 시작 **튤립버블**	119
028	가진 금만큼만 돈을 찍는 **금본위제**	123
	☆ 알짜 경제용어를 잡아라	126
029	은행의 안정성을 보여주는 **BIS비율**	127
030	물가가 올라야 좋을까, 내려야 좋을까? **인플레이션**과 **디플레이션**	130
031	내 수당, 상여금, 퇴직금을 결정하는 **통상임금**	136
	☆ 알짜 경제용어를 잡아라	140
032	경제가 과열과 침체를 오가는 건 **샤워실의 바보** 때문?	141
033	상위 계층의 부는 정말 아래로 흐를까? **트리클다운 효과**	144
034	피 같은 돈은 흘러야 제맛! **유동성**	146
	☆ 알짜 경제용어를 잡아라	148
	☆ 알짜 경제용어를 잡아라	149
	알아두면 좋은 경제학자 ③ 칼 마르크스	150
	알아두면 좋은 경제학자 ④ 알프레드 마샬	152

셋째마당 재테크에 바로 써먹는 금융상식

| 035 | 걸음마다 금리가 출렁! **자이언트 스텝** | 156 |
| 036 | 물가안정이 먼저! **매파**, 경제성장이 먼저! **비둘기파** | 159 |

037	은행이 돈을 버는 방식 **예대마진**	162
	☆ 알짜 경제용어를 잡아라	164
038	우리나라 주가는 내가 지킨다! **동학개미**	165
039	여러분, 돈 좀 빌려주세요! **공모주**	168
040	주식회사 사업 밑천 **주식**, 돈 빌린 빚문서 **채권**	172
041	지금 은행에 있는 내 돈이 위험하다! **뱅크런**	176
	☆ 알짜 경제용어를 잡아라	179
042	엄격한 신고식을 거쳐야 증권거래소에 들어올 수 있어요! **상장**	180
043	주식시장 흐름을 알려주는 **코스피**, 주식시장 2인자 **코스닥**	183
044	증시에서 저돌적인 황소는 **강세장**, 느릿느릿 곰은 **약세장**	188
	☆ 알짜 경제용어를 잡아라	190
045	주식시장의 보이지 않는 손! **사이드카**와 **서킷브레이커**	191
046	증시에서 **올빼미 공시**는 나쁜 소식을 가져온대요	195
047	엉망진창 기업 성적표 **어닝쇼크**	197
048	아무것도 없으면서 파는 **공매도**, 주가가 떨어져야 웃는다?	200
	☆ 알짜 경제용어를 잡아라	202
049	자본금과 주가를 올리는 **증자**, 눈물을 머금고 줄이는 **감자**	203
050	없던 애사심도 솟아나요! **스톡옵션**	207
051	돈 없는 개미들을 위해 고안된 투자 방식 **펀드**	211
	☆ 알짜 경제용어를 잡아라	214
052	부실기업에 투자하는 고수익·고위험 투자처! **벌처펀드**와 **헤지펀드**	215

차례

- **053** 소규모 끼리끼리 고수익을 노리는 **사모펀드** ... 218
- **054** 안정적인 수익을 원한다면 **롱숏펀드**, 좀 더 고수익을 원한다면 **ELS** ... 221
  - ☆ 알짜 경제용어를 잡아라 ... 225
- **055** 신용에 따라 달라지는 **금리**의 9가지 종류 ... 226
- **056** 단기자금 투자하기 좋은 **CD, CP, RP** ... 232
  - 알아두면 좋은 경제학자 ⑤ 존 메이너드 케인스 ... 236
  - 알아두면 좋은 경제학자 ⑥ 밀턴 프리드먼 ... 238

알면 알수록 유용한 환율과 세계 경제

- **057** 기업의 안전한 놀이터 **규제 샌드박스** ... 242
- **058** 여럿이 나눠 쓰는 **공유경제** ... 245
- **059** 세계를 쥐락펴락! 미국과 중국의 패권전쟁 **G2** ... 249
  - ☆ 알짜 경제용어를 잡아라 ... 253
- **060** 각자 갈 길 가자! **디커플링** ... 254
- **061** 세계가 떨고 있다! 미국의 **양적완화**와 **출구전략** ... 257
- **062** 1929년 미국에서 시작된 사상 최대의 공황 **세계대공황** ... 261
  - ☆ 알짜 경제용어를 잡아라 ... 266
- **063** 석유 가격이 오르면 전 세계가 공포에 떤다! **오일쇼크** ... 267
- **064** 경제대국 미국의 발목을 잡은 **서브프라임모기지 사태** ... 271

065	실체가 없는 **선물**, **옵션**은 왜 만들어졌을까?	276
☆ 알짜 경제용어를 잡아라	281
066	미국 주식시장의 흐름을 읽으려면 **다우지수**와 **나스닥지수**	282
067	빅맥 가격으로 환율을 가늠해보는 **빅맥지수**	285
068	환율이 오르면 이익 **환차익**, 환율이 내리면 손해 **환차손**	288
☆ 알짜 경제용어를 잡아라	291
☆ 알짜 경제용어를 잡아라	292
069	국가부도 **모라토리엄**, 국가파산 **디폴트**	293
070	경제영웅에서 골칫덩이로! GM과 포드는 **추락한 천사**	296
071	기업과 국가의 재무 성적표 **신용등급**	298
☆ 알짜 경제용어를 잡아라	301

알아두면 좋은 경제학자 ⑦ 하이먼 민스키 · · · · · · 302

알아두면 좋은 경제학자 ⑧ 루트비히 폰 미제스 · · · · · · 304

특별부록 경제 상식 퀴즈 · · · · · · 306

- **001** 잘 모르면 바가지 쓰는 곳! '레몬마켓'
- **002** 누르면 다른 곳이 부풀어오르는 '풍선효과'
- **003** 세계를 두려움에 떨게 하는 '검은 백조'
- **004** 미래를 위한 'ESG 경영'과 흉내만 내는 '그린워싱'
- **005** 시장을 이끄는 소비자들! '~슈머'
- **006** 경제성장, 물가안정! 최고의 상태 '골디락스'
- **007** 우리 경제를 '보이지 않는 손'이 조종한다고?
- **008** 꿩 대신 닭 '대체재', 시너지 내는 '보완재'
- **009** A와 B 중 고민하는 '기회비용', 오랜 연인과 못 헤어지는 '매몰비용'
- **010** 레드오션, 블루오션의 장점을 조합한 '퍼플오션'
- **011** 비쌀수록 잘 팔리는 '베블런 효과'가 20:80의 '파레토 법칙'을 증명한다?
- **012** 인터넷은 점점 진화한다! '웹 3.0'
- **013** 독감, 범죄도 미리 예방한다! 인간을 분석하는 '빅데이터'
- **014** 내 집은 깨끗하게, 공공화장실은 더럽게 쓰는 '공유지의 비극'
- **015** 나라 경제의 가계부 '국제수지', 순이익은 '경상수지'
- **016** 사람 기준의 'GNP'보다 장소 기준의 'GDP'가 대세
- **017** 일반인도 경제를 전망한다! '단칸지수', '소비자신뢰지수', 'BSI'
- **018** 유럽의 여름은 시간이 거꾸로 흐른다? '서머타임제'
- **019** 경제의 기본 원소인 돈, '부채'가 있어야 존재한다!
- **020** 화폐 단위가 바뀌면 물가가 오른다? '리디노미네이션'
- **021** 회계장부에 조명발과 화장발을 더하면? '분식회계'
- **022** 주식으로 하는 공격과 방어의 향연, '적대적 M&A'

THE ECONOMY IN CARTOON

첫째 마당

알아두면 피가 되고 살이 되는 경제 상식

THE ECONOMY IN CARTOON

잘 모르면 바가지 쓰는 곳!
레몬마켓

001

경제학에 이런 레몬의 상징성을 가져온 '레몬마켓'이라는 용어가 있습니다.

중고차시장은 대표적인 레몬마켓입니다.

많은 중고차가 사고 이력 등 단점을 숨기고 판매하려고 하기 때문에 이런 정보의 격차가 있는 시장에서는 좋은 차가 제값을 받기 힘들죠.

누르면 다른 곳이 부풀어오르는 풍선효과

THE ECONOMY IN CARTOON

단속과 규제, 풍선의 공통점은 무엇일까요?

터진다…?

한쪽을 누르면 다른 한쪽이 불룩해진다는 점입니다.

특정 분야의 문제를 해결하면 또 다른 분야에서 문제가 생기는 현상을 '풍선효과'라고 합니다.

풍선효과는 마약 문제로 골머리를 앓던 1970년대에 미국에서 쓰기 시작한 표현입니다.

닉슨 대통령은 마약과의 전쟁을 선포하고, 남미의 마약 수입 의심국에 대해 단속을 강화했습니다.

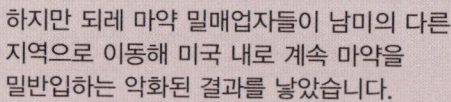

003 세계를 두려움에 떨게 하는 검은 백조

THE ECONOMY IN CARTOON

THE ECONOMY IN CARTOON

미래를 위한 ESG 경영과 흉내만 내는 그린워싱

004

바로 이산화탄소 배출량과 흡수량이 같아지도록 해 최종적으로 이산화탄소 발생량이 0인 상태로 만드는 것이죠.

이를 위해 이산화탄소 발생 억제 기술과 흡수 기술 개발이 시급해졌습니다.

그런데 기후 변화를 막기 위한 전 세계적인 노력에 딴지를 거는 미꾸라지 기업들이 있습니다.

실제로는 친환경적이지 않은데 마치 친환경적인 기업인 듯 홍보하죠.

이를 '그린워싱'이라고 부릅니다.

난 아니야

짜랏

환경 보호를 위해 수건을 재사용해주세요.

나는 폐수도 막 버리고 일회용품도 마구 쓰고 있지롱~

손님이 호구냐!

그린워싱을 하고 있는 기업인지 아닌지 판단할 수 있는 기준이 있을까?

캐나다 ULC스탠더즈는 다음과 같은 기준을 제시했습니다.

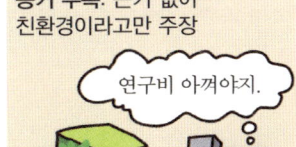

★ TIP

RE100(Renewable Electricity 100%)
2050년까지 사용 전력의 100%를 재생에너지로만 만들겠다는 다국적 기업들의 자발적 약속

ESG를 구성하는 세부 요소
Environmental(환경) 면에는 기후변화와 탄소 배출, 환경오염과 환경규제, 생태계와 생물 다양성을 포함하고 있으며, Social(사회) 면에는 데이터 보호와 프라이버시, 인권, 성평등 및 다양성, 지역사회 관계를 포함하고 있다. 그리고 Governance(지배구조) 면에는 이사회 및 감사위원회 구성, 뇌물과 반부패, 기업 윤리를 포함하고 있다.

파리기후변화협약(Paris Climate Agreement)
2016년에 체결된 파리기후변화협약은 지구온난화를 막기 위해 모든 국가가 지구 평균 온도 상승을 2도 아래에서 억제하고, 1.5도를 넘지 않도록 노력하는 것을 목표로 한다.

알짜 경제용어를 잡아라

경제와 관련된 다양한 효과들을 알아볼까요?

⭐ **분수효과**
영국의 경제학자 존 메이너드 케인스가 주장한 것으로, 저소득층의 소득 증대가 궁극적으로 고소득층의 소득도 높이게 되는 효과를 말한다.

⭐ **폭포효과**
사회 상위 계층의 소비자를 공략하면 그 효과가 사회 전체에 빠르게 확산되는 것을 말한다.

⭐ **샤워효과**
샤워기의 물이 위에서 아래로 떨어지는 것처럼, 백화점과 같은 대형 쇼핑몰 매장의 맨 위층으로 소비자들이 모일 수 있도록 유도하면 소비자들이 아래층 매장으로 내려오면서 자연스럽게 구매를 유도하여 매출이 오르는 효과를 말한다.

⭐ **나비효과**
브라질에서의 나비의 날갯짓이 미국에서 토네이도를 일으키듯, 아주 작은 변화나 사건이 엄청난 결과로 이어지는 것을 말한다.

⭐ **메기효과**
정어리가 담긴 수조에 정어리의 천적인 메기 한 마리를 넣어두면 정어리를 산 상태로 육지까지 옮길 수 있다는 사실에 기초한 효과다. 즉 막강한 경쟁자의 존재가 다른 경쟁자들의 잠재력을 끌어올리는 효과를 말한다.

⭐ **앵커링 효과**
배가 닻을 내리면 그 범위 안에서만 움직일 수 있는 것처럼, 처음 제시된 숫자가 기준점 역할을 하여 이후 왜곡된 판단을 하게 만드는 것을 말한다.

⭐ **부메랑 효과**
선진국이 발전도상국에 원조하거나 투자해 생산한 물품이 현지의 수요를 웃돌아 선진국으로 역수출되어 해당 산업과 경쟁하게 되는 것을 말한다.

★TIP

PL법(Product Liability, 제조물책임법)
기업이 제작하고 유통한 제조물에 대해 안전을 보장하고 결함에 의한 사고에 대하여 책임지도록 규정한 것

트라이슈머
항상 새롭게 무언가를 시도하는 체험적 소비자

트윈슈머
다른 사람의 제품 후기를 참고해 물건을 구매하는 소비자

그린슈머
친환경 유기농 제품을 선호하는 소비자

THE ECONOMY IN CARTOON

006
경제성장, 물가안정! 최고의 상태 **골디락스**

경제성장은 저조한데 물가는 오르고…. 살 게 없네, 살 게 없어. 성장은 하면서 물가는 그대로면 참 좋을 텐데….

'골디락스'를 말하는 건가요?

골드+락스?

골디락스는 Gold(금) + Lock(머리카락)의 합성어, 즉 '금발머리'란 뜻이죠.

1837년 로버트 사우디가 쓴 동화 《골디락스와 곰 세 마리》에서 유래한 말입니다.

007 우리 경제를 **보이지 않는 손**이 조종한다고?

THE ECONOMY IN CARTOON

알짜 경제용어를 잡아라

경제학에서 가장 중요한 것은 수요와 공급입니다. '공급 과잉'의 현대 사회에서 '수요'인 소비자를 이해하는 것이 무엇보다 중요하지요!

☆ 메타슈머(Metasumer)
평범한 제품에 변화를 더해 새로운 제품으로 업그레이드하려는 소비자. 완전히 새로운 제품으로 활용하거나 창조적으로 변형시키기도 한다.

☆ 마담슈머(Madamsumer)
'주부'와 '소비자'의 합성어로, 다양한 신제품을 체험한 후 의견을 제시하는 소비자

☆ C세대(Contents Generation)
자신이 직접 콘텐츠를 생산하고, 이를 인터넷상에 저장해 다른 사람들과 자유롭게 공유하면서 능동적으로 소비에 참여하는 세대

☆ 체리피커(Cherry Picker)
기업에서 제공하는 각종 할인제도는 적극적으로 이용하면서 실제로 상품은 구매하지 않는 사람. 신 포도와 체리가 섞여 있는 곳에서 달콤한 체리만 쏙쏙 골라 먹는다고 해서 붙여진 이름

☆ 매스클루시버티(Massclusivity)
대량 생산을 통해 만들어지는 상품이긴 하지만 누구나 살 수 없는, 특권층을 위해 한정 판매하는 '맞춤 명품'을 일컫는 말. 자기만의 독특한 제품을 가지고 싶어 하는 소수 소비자를 대상으로 한 최고급품

☆ 매스티지(Masstige)
'대중'과 '명품'의 합성어로, 품질은 명품에 근접하고 가격은 한 단계 낮춘 상품

THE ECONOMY IN CARTOON

꿩 대신 닭 **대체재**, 시너지 내는 **보완재**

008

THE ECONOMY IN CARTOON

010
레드오션, 블루오션의 장점을 조합한 **퍼플오션**

아버지, 퇴직금으로 홍대 앞에 카페를 차리신다구요?

응~ 홍대 상권이 좋다고 해서….

아니, 홍대 앞에 카페만 몇 천 개는 될 텐데…. 금방 망할 거라구요!

차라리 아주 한적한, 카페라고는 없는 동네를 찾아서 차리시는 게 좋지 않을까요?

그런데 서울 시내에 카페가 없는 곳이 있으려나….

이놈이

블루오션을 찾아야죠!

앗, 깐돌이.

고양이가 말을 하네

알짜 경제용어를 잡아라

경제학의 기본 전제는 '소득이 늘면 수요가 증가한다', '가격이 내리면 수요가 증가한다'예요. (그 반대도 성립)

☆ **소득효과**
어떤 상품의 가격이 하락하면 상품 구매력이 늘어 더 많이 소비하게 되는 효과

☆ **대체효과**
상대가격의 변화가 각 상품의 수요 변화에 미치는 효과. 가령 A와 B가 있을 때 A의 가격이 하락하면 B보다 A를 더 많이 소비하게 되는 효과

☆ **정상재**
만약 직장을 잃는다면 당장 옷이나 음식 등의 수요를 줄일 것이다. 이처럼 소득이 감소할 때 수요가 따라서 감소하는 재화를 말한다. 그 반대의 경우도 성립. 즉 경제학의 기본 전제를 따르고 있기 때문에 '정상'적인 재화라고 보는 것이다.

☆ **열등재**
정상재와 반대로 소득이 증가할 때 수요가 감소하는 재화를 말한다. 대중교통의 경우 소득이 많아지면 자가용이나 택시를 대신 이용하기 때문에 수요가 감소하게 된다. 경제학의 기본 전제를 거스르기 때문에 '열등'하다고 본다.
ex) 햄버거, 대중교통 등

☆ **독립재**
수요에 있어서 다른 재화의 가격 변화에 영향을 받지 않는 재화
ex) 쌀, 신발 등

☆ **기펜재**
어떤 재화의 가격이 하락할 때 그 재화의 구입량이 감소하는 특수한 유형의 하급재. 반대로 가격이 오를수록 수요가 증가하기도 한다. 하지만 이 개념은 너무 특수해 시험문제에나 나올 뿐, 실제 경제를 이해하기 위해선 몰라도 되는 개념이다.
ex) 감자, 마가린 등

☆ **신자유주의**
정부의 시장 개입을 비판하고 시장의 기능과 민간의 자유로운 경제활동을 중요시하는 이론으로, 자유시장과 규제완화, 재산권 등을 중요하게 생각하는 이론

THE ECONOMY IN CARTOON

011 비쌀수록 잘 팔리는 **베블런 효과**가 20:80의 **파레토 법칙**을 증명한다?

★ TIP

베블런 효과
가격이 오르는데도 일부 계층의 과시욕이나 허영심 때문에 수요가 줄어들지 않는 현상

한정판 마케팅
사람들의 희소성 심리를 이용한 마케팅 전략의 하나로 '이번 기회가 아니면 더 이상 (이 제품과 같은 고급 품목) 구입할 수 없다'라는 메시지를 전달해 소비자의 소비욕구를 자극하는 마케팅 기법

파레토의 법칙
이탈리아 경제학자 빌프레도 파레토가 발표한 소득분포의 불평등도에 관한 법칙. '전체 결과의 80%는 전체 원인 중 20%에서 비롯된다'라는 법칙이다. 20%의 소비자가 전체 매출의 80%를 차지하는 것, 국민의 20%가 전체 부의 80%를 차지하는 것, 직장에서 20%의 근로자가 80%의 일을 하는 것 등을 예로 들 수 있다.

012

THE ECONOMY IN CARTOON

인터넷은 점점 진화한다!
웹 3.0

노미씨! 근무 시간에 SNS 좀 그만하라고 몇 번을 말합니까?

아하하… 양부장님~ 그만하려고 했는데….

이게 다 웹 2.0 때문이야! 웹 1.0 쓰던 게 엊그제 같은데….

그립구만 모뎀 접속 소리
잉~~치~~
삐-빅↗
요즘 애들은 알려나…

웹 2.0? 부장님 대학생 때 학점인가요? 공부 되게 안 하셨네.

아이고! 그게 아니라….

THE ECONOMY IN CARTOON

독감, 범죄도 미리 예방한다!
인간을 분석하는
<mark>빅데이터</mark>

013

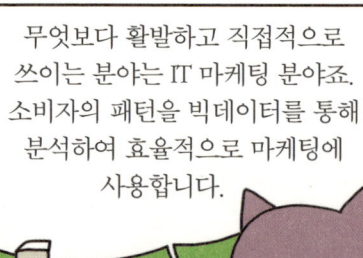

실제로 2013년, 미국 국가안보국이 개인정보를 무차별적으로 수집해왔다는 사실이 전직 정보기관 요원에 의해 폭로되었습니다.

국가가 권력을 이용해 개인정보를 수집하는 사례들이 밝혀지면서

많은 사람이 분노했고, 개인정보 보호의 중요성이 대두되고 있습니다.

보호할 건 보호해주고, 정보는 합리적으로 이용하면 좋을 텐데….

아무리 좋은 기술도 악용하면 개인의 기본 권리를 침해할 수 있어요!

★TIP

빅데이터
디지털 환경에서 생성되었다 사라지는, 속도가 빠르고 문자와 영상 데이터까지 포함하는 대규모 데이터를 말한다.

제타바이트(ZB)
1조 1,000억GB. 3MB 안팎의 MP3 곡을 무려 281조 5,000억 개나 저장할 수 있는 용량이다.

빅브라더
조지 오웰의 소설 《1984년》에서 비롯된 용어로, 긍정적 의미로는 사회를 돌보기 위한 보호적 감시를, 부정적 의미로는 사회를 통제하는 관리 권력을 뜻한다.

THE ECONOMY IN CARTOON

내 집은 깨끗하게, 공공화장실은 더럽게 쓰는 **공유지의 비극**

014

★TIP

공유지의 비극
모두가 공유하는 자원(공기, 호수, 지하자원 등)을 사적 이익에 기초한 시장 기능에 맡기면 당세대가 남용해 고갈시킬 우려가 있다는 뜻

코스의 정리
각 개인의 소유권이 명확히 설정되어 있는 경우 시장에 대한 정부의 개입이 불필요하다는 내용

알짜 경제용어를 잡아라

인터넷 발달에 따른 신조어들과 경제학의 많은 법칙들을 알아볼까요?

★ 테크노스트레스(Technostress)

컴퓨터로 인해 발생하는 스트레스. 컴퓨터를 전혀 모르는 사람들은 모르는 데 따르는 심리적 스트레스를 받고, 숙달된 사람들은 과다한 정보를 미처 소화하지 못해 스트레스를 받는다.

★ 사이버슬래킹(Cyberslacking)

근무 시간에 주식투자나 게임, SNS 등 업무 이외의 용도로 인터넷을 사용함으로써 업무에 방해가 되는 모든 행위

★ 데이터스모그(Data Smog)

인터넷상에 불필요한 정보들이 지나치게 많이 유포되는 현상. 특히 무차별적인 쓰레기 정보나 허위 정보를 지칭한다.

★ 그리드락(Gridlock)

'공유지의 비극'과 반대되는 상황. 지나치게 많은 소유권이 경제활동을 방해하고 새로운 부의 창출 기회를 막는 현상을 말한다. 최근 일어난 애플, 삼성전자 등 IT업계 간의 특허 소송이 대표적인 사례다.

★ 그레셤의 법칙(Gresham's law)

한 사회에서 가치가 작은 화폐나 상품(은화) 때문에 가치가 큰 화폐나 상품(금화)이 유통에서 배제된다는 법칙

★ 파킨슨의 법칙(Parkinson's Law)

영국의 역사학자 시릴 파킨슨이 제창한 것으로, 공무원 수는 일의 양에 관계없이 일정한 비율로 증가한다는 법칙. 업무가 과중한 경우 동료를 보충받기보다 상급 공무원으로 출세하기 위해 부하의 수를 늘리려 하고, 부하가 들어오면 지시·보고·감독 등 파생적인 업무가 창조되어 본질적인 업무는 변화가 없더라도 업무량이 늘어나는 현상이 나타난다.

★ 깨진 유리창 법칙

건물주가 깨진 유리창을 방치하면 나중에 그 일대가 무법천지로 변한다는 것. 작은 무질서를 가볍게 여기면 나중에 심각한 결과를 초래한다는 뜻이다.

THE ECONOMY IN CARTOON

015

나라 경제의 가계부 국제수지, 순이익은 경상수지

① 상품수지는 해외에 상품을 수출해 벌어들인 금액에서 수입하면서 외국에 내준 금액을 뺀 것.

② 서비스수지는 외국과 서비스를 거래해 벌어들인 금액과 지불한 금액의 차액.

③ 소득수지는 우리나라 기업이 해외투자를 해서 얻은 이자와 외국에 진 빚에서 생긴 이자 간 차액.
④ 경상이전수지는 상거래를 목적으로 하지 않는 국제송금 등의 수지를 말합니다.

2. 자본수지는 자본(=돈) 간 거래로, 우리나라 기업, 금융기관과 외국 기업, 금융기관이 서로 돈을 꾸거나 빌려주는 외국인투자 차관 등을 말합니다.

흔히 국제수지를 말할 때 경상수지를 의미하고, 경상수지 흑자는 국내 경기가 좋아졌다는 반증이 됩니다.

★TIP

경상수지
국제 간 거래에서 자본거래를 의미하는 자본수지를 제외한, 물건이나 서비스 거래에 관한 수지

THE ECONOMY IN CARTOON

016
사람 기준의 GNP보다 장소 기준의 GDP가 대세

"감나무 가지가 우리 집으로 넘어왔으니 그 감도 우리 것이 아니냐?"
옆집 김첨지는 감을 가져가버렸습니다.

오성은 김첨지 집 장지문에 주먹을 푹! 집어넣고 "김첨지 어른, 이 주먹은 누구의 것입니까?"라고 물었습니다.

경제적 관점에서 매우 흥미로운 이야기로군요.

흠….

국내총생산 GDP와 국민총생산 GNP 관점에서 각각 보면, 주먹은 오성의 것이 될 수도 있고 김첨지의 것이 될 수도 있죠!

국내총생산 GDP(Gross Domestic Products)는 국내에서 일정 기간 동안 발생한 재화와 서비스를 모두 포함한 것입니다.

이에 비해 국민총생산 GNP(Gross National Products)는 대한민국 국민이 일정 기간에 생산한 최종생산물을 시장가격으로 평가한 총액을 말합니다.

그럼 GDP와 GNP를 《오성과 한음》 이야기에 비유해볼까요?

GDP는 생산활동이 이루어진 장소를 중시하므로 GDP로 보면 오성의 주먹은 김첨지의 것이 됩니다.

반면 생산활동에 참여한 사람들의 국적을 중시한 GNP의 관점에선 원래 이야기대로 주먹은 오성의 것이죠.

Quiz 외국인 노동자가 우리나라에서 번 돈은 GNP에 들어갈까요, GDP에 들어갈까요?

THE ECONOMY IN CARTOON

일반인도 경제를 전망한다!
단칸지수, 소비자신뢰지수, BSI

017

미국에서는 소비자신뢰지수(CCI)가 경제 전망의 지표가 되고 있는데, 단칸지수와 다른 점은 일반 가정집을 대상으로 조사한다는 겁니다.

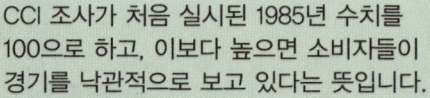
CCI 조사가 처음 실시된 1985년 수치를 100으로 하고, 이보다 높으면 소비자들이 경기를 낙관적으로 보고 있다는 뜻입니다.

100↑ 밝은 미래

미국은 국내총생산(GDP)에서 소비자지출이 2/3나 차지하여 경제 전망에 실질적 지표가 되는 거죠.

그리고 경기종합지수의 하나인 '경기선행지수'는 6개월 정도 가까운 장래의 경기 동향을 예측하는 지표로,

어디 미래를 좀 볼까?

전월 혹은 전년 대비 증감률을 종합해서 작성합니다. 이 밖에 현재의 경기 상황을 파악하는 '동행지수', 경기 동향을 최종 확인하는 데 쓰는 '후행지수'도 있습니다.

경기 동향 복습 후행지수!

단칸지수, 소비자신뢰지수를 참고하면 되겠군요. 그런데 우리나라에서 작성한 지표는 없나요?

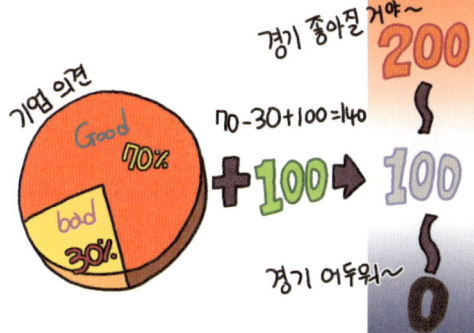

★ TIP

단칸지수
일본 기업의 경기체감지수로, 기업을 대상으로 조사하며 플러스이면 경제를 낙관한다는 뜻이다.

소비자신뢰지수(CCI)
미국 경기를 나타내는 경기선행지수로, 소비자가 보는 경제 전반의 물가이며, 100보다 높으면 낙관적으로 본다는 뜻이다.

BSI
경기 동향에 대한 기업인의 판단·예측·계획의 변화 추이를 관찰해 지수화한 지표. 100보다 높으면 낙관한다는 뜻이다.

알짜 경제용어를 잡아라

거시경제를 알기 위해 꼭 알아야 할 기초 개념이 국민소득, 물가, 국제수지예요. 어렵지만 알고 있어야겠죠?

☆ 국민총소득
(GNI, Gross National Income)
국민들이 생산활동을 통해 획득한 소득의 구매력을 나타내는 지표로, 일정 기간 한 나라의 국민이 소유하고 있는 생산 요소를 국내외에 제공한 대가로 벌어들인 소득을 말한다.

☆ 명목GDP
국내에서 생산된 최종생산물의 수량에 그때의 가격을 곱해 산출한 것으로, 경제 규모 등을 파악할 때 사용한다.

☆ 실질GDP
국내에서 생산된 최종생산물의 수량에 기준년도의 가격을 곱해 산출한 물량 측정치. 실질GDP의 변동분은 가격 변화분을 제거한 순수한 생산 수량의 변동분만을 나타낸다.

☆ GDP디플레이터
명목GDP를 실질GDP로 나눈 것. 한 나라 안에서 거래되는 거의 모든 재화와 서비스를 대상으로 하기 때문에 경제 전반에 걸친 가격 요인에 의해 영향을 받는 가장 포괄적인 물가지수다.

☆ 물가지수
기준시점의 물가를 100으로, 다른 시점의 물가를 이의 백분비로 표시한 지수

☆ 소비자물가지수
(CPI, Consumer Price Index)
소비자가 구입하는 상품이나 서비스의 가격 변동을 나타내는 지수. 일상생활에 직접 영향을 주는 물가의 변동을 추적하는 중요한 경제지표 중 하나

☆ 생산자물가지수
(PPI, Producer Price Index)
기업 사이에 거래되는 원자재와 자본재의 가격 동향을 보여주는 물가지수

☆ 경기종합지수
경기 변동의 방향, 국면 전환점, 속도, 진폭을 측정할 수 있도록 고안된 경기지표. 사전에 경기 동향을 예측하는 '경기선행지수', 현재의 경기 상태를 보여주는 '경기동행지수', 경기 변동을 사후에 확인하는 '경기후행지수'가 있다.

THE ECONOMY IN CARTOON

경제의 기본 원소인 돈, <mark>부채</mark>가 있어야 존재한다!

019

020 화폐 단위가 바뀌면 물가가 오른다? 리디노미네이션

THE ECONOMY IN CARTOON

021
회계장부에 조명발과 화장발을 더하면?
분식회계

기업의 실제 재정 상태나 경영 실적을 속이고 좋은 상태인 것처럼 보이도록 부풀려 계산하는 거죠.

탈세나 경영 악화를 속이기 위해 팔지도 않은 물품의 전표를 끊어

매출채권(외상매출금+받을 어음)을 부풀리거나,

대손충당금(기한이 다 된 미회수액을 회수가 불가능한 것으로 처리)을 적게 잡거나, 재고의 가치를 부풀리는 방법 등 다양하죠.

예전 대우그룹이 41조 원대의 '분식회계'를 저질러 금융기관 투자자들이 엄청난 손실을 입었습니다.

★TiP

분식회계
기업이 재정 상태나 경영 실적을 실제보다 좋게 보이게 할 목적으로 부당한 방법으로 자산이나 이익을 부풀려 계산하는 회계. 한편 실제보다 이익을 줄여 계산하는 '역분식회계'도 있다.

022 주식으로 하는 공격과 방어의 향연, 적대적 M&A

우리 회사가 M&A로 합병될지도 모른대!

M... A...

근데 M&A가 뭐지? 평소에 뉴스에서 많이 듣긴 했는데.

경제 뉴스의 단골 용어 M&A에 대해 완벽하게 설명해줄게요!

M&A(Mergers and Acquisitions)란, 한 기업이 다른 기업을 인수하는 것을 말합니다. 이 중 상대방의 동의 없이 강행하는 '적대적 M&A'가 큰 문제가 되고 있지요.

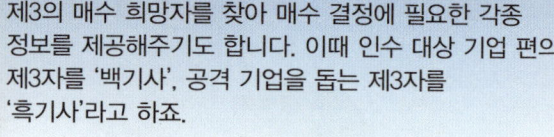

알짜 경제용어를 잡아라

적대적 M&A에 대해 좀 더 자세히 살펴볼까요?

☆ 5%룰

증권거래법에 의해 상장법인의 의결권이 있는 주식 등을 5% 이상 보유한 자가 그 보유 상황과 1% 이상 지분 변동이 있을 때의 상황을 5일 이내에 금융감독원과 한국거래소에 보고하는 제도. 이는 기업경영권 시장의 공정성과 투명성을 높여 증권시장의 안정과 선진화를 이루고, 적대적 M&A로부터 경영권을 보호해주며, 투기적 외국계 펀드의 불공정거래를 방지해 기존 지배주주의 경영권 보호를 강화하기 위한 것이다.

☆ 승자의 저주(Winner's Curse)

경쟁에서는 이겼지만 승리를 위해 과도한 비용을 치름으로써 오히려 위험에 빠지게 되거나 커다란 후유증을 겪는 상황을 뜻하는 말. 승자에게 내려진 저주라는 뜻으로, '승자의 재앙'이라고도 한다. M&A 또는 법원경매 등의 공개입찰 때 치열한 경쟁에서 승리했지만 이를 위해 지나치게 많은 비용을 지불함으로써 위험에 빠지는 상황을 가리킨다.

☆ 시차임기제

이사들의 임기를 분산시켜 전체 이사가 교체되는 시점을 지연시키는 경영권 방어 장치의 일종. 적대적 M&A 이후 이사들의 임기가 일정 기간 보장되는 만큼 이사진의 일시 퇴임을 방지하는 효과가 있다.

☆ 역마르코폴로 효과

700년 전 마르코폴로가 나침반 등 중국의 앞선 기술을 서양에 소개한 것과 반대로, 이제는 중국 기업들이 M&A를 통해 서양 기업들의 기술력과 경영 노하우를 빨아들이고 있다는 의미. KOTRA가 2010년 보고서에서 중국 기업들의 해외 M&A 열기에 대해 만들어 붙인 용어

☆ 기업사냥꾼(Raiders)

기업의 인수합병(M&A)과 관련한 전문투자가. 특정 목적을 위해 기업을 인수하거나 합병하는 투자가 또는 전문가 집단이다. 원래 기업사냥꾼은 필요에 따라 우호적 M&A 또는 적대적 M&A를 취하지만, 적대적 매수자를 기업사냥꾼이라 부르는 경우가 많다.

알아두면 좋은 경제학자 ①

애덤 스미스
(Adam Smith, 1723~1790년, 영국)

- 경제학의 아버지
- '보이지 않는 손'이 세상을 움직인다.
- 대표 저서: 《국부론》, 《도덕감정론》

가장 먼저 알아볼 경제학자는 '경제학의 아버지'라 불리는 애덤 스미스야. 경제학이란 개념이 생기기도 전에 경제학의 기본 사상을 만들었고, 그의 주장은 현대 경제에도 큰 영향을 미쳤거든.

모든 사람은 '이기심'을 가지고 있다

스미스는 인간의 본성을 다루는 철학을 공부했는데, 사람들은 누구나 이기심을 갖고 살아간다고 생각했어. 하지만 이는 나쁜 것만이 아니라 삶을 이끄는 원동력이기도 하고, 이런 이기심을 조절해 사람의 삶을 올바른 방향으로 이끌어주는 '양심'이 있다고도 생각했지. 이런 내용을 담은 책이 《도덕감정론》이야.

보이지 않는 손이 경제를 이끈다

스미스는 오랫동안 유럽을 여행하면서 다양한 사람을 만나고 경제에 관심을 갖게 되었어. 그래서 '어떻게 하면 국가가 잘살 수 있을까?'를 중점적으로 연구했지. 너무나도 유명한 저서인 《국부론》의 원제는 '국가의 부가 어떻게 형성되는지 그 본질에 관한 연구 보고서'야. 이 책에서 스미스는 인간의 이기심을 중심으로 경제를 관찰했어. 사람들이 경제활동을 하는 이유는 자신의 이익 때문이라는 거지. 철학에서 '양심'이 개인의 삶을 조절해준 것처럼 경제에도 '보이지 않는 손'이 있다고 생각한 거야. 그는 "우리가 저녁 식사를 할 수 있는 것은 푸줏간 주인이나 제빵사들의 박애심 덕분이 아니다. 오히려 그들의 돈벌이에 대한 관심 덕분이다"라고 주장하며 개인의 이기심이 공공의 이익을 만들어낸다고 했어. 따라서 보이지 않는 손이 제대로 작동하려면 정부의 규제가 없어야 한다고 주장했지. 사람들이 자유경쟁하에서 가장 효율적으로 자원을 활용하고 분배할 수 있다고 생각했거든.

공급이 부족하던 시대, '분업'이 중요!
스미스는 국가가 발전하려면 산업이 발달해야 하고, 그러려면 국민 1인당 생산량이야말로 국가의 부를 결정하는 가장 중요한 요소라고 생각했어. 생산량을 늘리기 위해 중시한 것은 '분업'인데, 분업을 통해 전문성이 생기고 생산량이 늘면 노동자의 임금도 올라가고 모든 사람이 부자가 되어 국가의 부도 당연히 커진다고 생각했지.

이처럼 스미스는 현대 경제학의 기틀이 되는 중심 개념들을 만들었어. '수요와 공급', '이기심', '경쟁', '자유시장' 등 오늘날의 경제학에서도 많이 쓰이는 개념들이지. 따라서 그를 모르고는 경제를 안다고 할 수 없어. 그의 이론이 옳든 그르든 이해하고 넘어가야 현대 경제를 이해할 수 있을 거야.

알아두면 좋은 경제학자 ②

토머스 맬서스
(Thomas Robert Malthus, 1766~1834년, 영국)

- 인류의 미래를 걱정한 경제학자
- 인구가 폭발적으로 증가해 지구는 망할 것이다.
- 대표 저서: 《인구론》, 《정치경제학 원리》

두 번째로 알아볼 경제학자는 인류의 미래를 걱정한 토머스 맬서스야. 그 당시 영국은 산업혁명으로 한창 발전하고 있었어. 대부분의 사람은 '인구가 많으면 많을수록 생산량이 높아지고 나라는 부강해진다'라고 생각했지. 하지만 맬서스는 반대로 '인구 폭발'이 미래에 재앙을 가져올 것이라고 걱정했어.

인구가 이렇게 늘면 식량 부족이 나타날 것이다

당시 도시 인구는 빠르게 증가하고 있었고, 토지라는 생산 요소는 급격하게 늘리기 어려웠지. 인구는 기하급수적으로 증가하나 식량은 산술적으로 증가하기 때문에 식량 부족 현상이 나타나게 된다고 보았어.

맬서스는 이런 주장을 담아《인구론》을 집필했어. 맬서스는 자신의 주장을 뒷받침하기 위해 유럽 전역을 돌며 인구와 식량에 대한 자료를 수집했어. 그리고 인구가 25년마다 2배씩 증가할 거라고 계산해냈지. 1801년에 영국에서 최초로 인구 조사 결과가 발표되었고, 이 조사는 맬서스의 주장을 뒷받침해주었어. 맬서스는 해결책으로 도덕적인 억제 방식인, 결혼을 연기해 출산율을 감소시키자고 주장했지.

부자들만을 위한 경제학자?

맬서스는 결혼을 늦게 하고 아이를 조금 낳고, 자식이 많은 빈민에 대한 정부의 복지 혜택을 줄여야 한다고 주장했어. 빈곤과 인구 문제는 자연스러운 현상이라 사회제도를 바꾸는 것으로 대처해서는 안 된다고 설파했지. 그는 앞서 살펴본 애덤 스미스와 함께 '고전주의학파'라 불리는데, 자연 그대로가 최고라는 생각을 갖고 있었지. 당시 영국의 수상이었던 윌리엄 피트는 빈민구제를 위해 노력하다《인구론》을 읽고 생각을 바꿔 일하지 않는 빈민들에게는 보조금을 주지 않았어. 따라서 맬서스는 "부자들의 이익만 생각한다"고 많은 비난을 받았지. 하지만 《인구론》의 인기로 그는 최초의 경제학 교수가 되었어.

자본주의의 문제점을 파헤친 최초의 경제학자

맬서스는 교수가 된 이후 더욱 학문에 정진하여 《정치경제학 원리》를 집필해 자본주의 경제의 문제점을 밝혀냈지. 당시 사람들은 상품을 많이 만들어내는 것이 중요하다고 생각했지만, 맬서스는 이렇게 생산된 상품이 팔리지 않아 경제가 멈출 수도 있다는 사실을 지적했어. 이는 후대에 존 메이너드 케인스에 의해 다시 주목을 받게 돼.

맬서스의 예언대로 인구는 놀랄 만큼 증가했지만, 농업 기술 역시 빠르게 증가했어. 이 때문에 맬서스는 많은 비판을 받았지. 하지만 최근의 지구를 보면 그의 주장이 꼭 틀리지만은 않은 것 같아. 날이 갈수록 환경은 오염되어가고 식량난, 자원난이 점점 심해지기 때문이야. 맬서스가 걱정한 것처럼 경제학도 인류의 미래를 위한 해결책을 찾기 위해 노력해야 하지 않을까?

- **023** 반도체 설계만 하는 '팹리스'와 제조만 하는 '파운드리'
- **024** 유연한 일자리 '긱 이코노미'
- **025** 돈은 돈인데 만질 수 없는 돈 '디지털 화폐'
- **026** 가상과 현실이 공존하는 '메타버스'
- **027** 투기의 시작 '튤립버블'
- **028** 가진 금만큼만 돈을 찍는 '금본위제'
- **029** 은행의 안정성을 보여주는 'BIS비율'
- **030** 물가가 올라야 좋을까, 내려야 좋을까? '인플레이션'과 '디플레이션'
- **031** 내 수당, 상여금, 퇴직금을 결정하는 '통상임금'
- **032** 경제가 과열과 침체를 오가는 건 '샤워실의 바보' 때문?
- **033** 상위 계층의 부는 정말 아래로 흐를까? '트리클다운 효과'
- **034** 피 같은 돈은 흘러야 제맛! '유동성'

THE ECONOMY IN CARTOON

둘째 마당

이야기로 읽는 경제 흐름

THE ECONOMY IN CARTOON

반도체 설계만 하는 **팹리스**와 제조만 하는 **파운드리**

023

'산업의 쌀!' 반도체 하면 우리나라 아니겠어?

너 한국 사람이었냐.

삼성! SK하이닉스!

틀린 말은 아니지만 정확히 말하면 우리나라는 메모리 반도체 강국이지요.

메모리?

반도체는 크게 '메모리 반도체'와 '비메모리 반도체(시스템 반도체)', 두 종류로 나뉩니다.

메모리 반도체

비메모리 반도체

메모리 반도체는 말 그대로 정보를 저장하는 목적으로 사용하는 반도체를 말합니다. 메모리 반도체는 다시 '램(RAM)'과 '롬(ROM)'으로 구별되지요.

컴퓨터 조립할 때 많이 따져본 사양이네.

저 장

반도체 설계만을 전문적으로 하는 '팹리스'는 '반도체 제조 설비'를 뜻하는 '패브리케이션(Fabrication)'에 '~이 없다'라는 접미어 '리스(Less)'를 붙인 단어입니다.

이런 종합 반도체 회사나 팹리스 회사로부터 위탁을 받아 반도체 제작만 하는 회사를 '파운드리'라고 합니다.

팹리스가 첨단 반도체를 설계하더라도 파운드리가 고도의 제조 기술을 보유하고 있어야 합니다.

이렇게 만들어진 반도체의 조립 등 후공정을 하는 패키징&테스트 업체까지가 크게 4단계로 분업된 반도체 산업입니다.

세계 1위 대만의 TSMC

미래 반도체 주도권을 위해 우리나라가 전력해야 할 2가지 분야는 파운드리와 팹리스입니다.

★TiP

파운드리 기업
대표적인 파운드리 기업으로는 세계 1위 대만의 TSMC, 2위 우리나라의 삼성전자, 3위 대만의 UMC다. 엔비디아, 퀄컴, 구글, 아마존 등이 이들의 주요 고객사다.

024 유연한 일자리 긱 이코노미

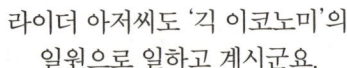

라이더 아저씨도 '긱 이코노미'의 일원으로 일하고 계시군요.

긱 이코노미? 취미로 밴드도 하세요?

긱=재즈 연주

긱(Gig)은 라이브 공연이라는 뜻도 있지만, '단기 혹은 불특정 기간 동안의 직업'을 뜻하기도 합니다.

기업의 필요에 따라 계약직 프리랜서를 고용하고 급여를 주는 경제가 바로 긱 이코노미입니다.

근로자가 회사에 얽매이지 않고 자유롭게 독립적으로 일을 할 수 있어 워라밸을 중시하는 이들에게 적격인 시스템이죠.

긱 이코노미는 온디맨드(On-demand) 경제 등장에 따른 결과물입니다. 제품이나 서비스가 소비자의 수요에 따라 정해진다는 이야기입니다.

그런데 생산량을 어떻게 결정하지? 공급이 넘치면 재고가 되고, 공급이 모자라면 곤란할 텐데.

생산 > 수요

수요 > 생산
온디맨드

정규직이 하던 업무를 비정규직이나 개인사업자와 동업 형태로 처리하기 때문에 기업 입장에서는 비용을 절감할 수 있지만

그 이면에는 고용불안정이라는 필연적 부작용이 뒤따릅니다.

또 노동 착취나 감시의 문제도 있습니다.

별점 테러

고객이 갑이 되는 시스템이라 억울할 때도 있죠.

온디맨드 경제의 등장으로 직업 전선에 거대한 변화의 파도가 덮쳐오고, 긱 이코노미라는 조류는 세계적 대세가 되고 있습니다.

긱 워커는 시간이 돈이라…. 나는 다음 배달하러 이만.

화이팅!

★TiP

워라밸
일과 삶의 균형을 추구한다는 의미로, Work and Life Balance의 준말

ICT(Information and Communications Technologies) 기술
정보를 개발, 저장, 처리, 관리하는 데 필요한 모든 기술

공유경제
제품이나 서비스를 다른 사람들과 함께 공유하여 사용하는 형태

구독경제
원하는 제품이나 서비스를 일정 금액을 내고 주기적으로 제공받는 형태

025 돈은 돈인데 만질 수 없는 돈
디지털 화폐

THE ECONOMY IN CARTOON

이번 달도 통장을 스쳐가는 월급.

익호씨 월급은 만져보기 힘들다는 점에서 '디지털 화폐'와 같군요.

건보료 / 보험 / 연금 / 카드 / 은행

디지털 화폐? 비트코인 말하는 거야?

주위에서 비트코인, 무슨 코인하는데 나는 통 이해가 안 가. ○○페이랑 뭐가 다른 거지?

애플페이
삼성페이

○○페이는 '전자화폐'입니다. 전자화폐는 은행 계좌와 연동되어 현금처럼 결제할 수 있는 방식이죠.

은행 ← ○○페이 → 결제

이에 비해 디지털 화폐는 가상화폐와 암호화폐로 구분할 수 있습니다.

몇 해 전부터 뜨거운 감자로 떠오르고 있는 암호화폐는 중앙은행이 발행하지 않고 블록체인 기술을 사용하는 것이 특징입니다.

화폐 – 중앙은행이 보증   암호화폐 – 블록체인으로 보증

블록체인…! 그럼 비트코인이 바로 암호화폐구나.

2009년부터 발행된 비트코인은 성능 좋은 컴퓨터로 문제를 풀면 대가로 얻을 수 있는데, 이를 '채굴'이라고 합니다.

어디로 캐러 가야 하지?

그 채굴이 아니에요.

비트코인의 가치가 상승하면서 이더리움, 리플 등 여러 가지 암호화폐가 등장했습니다.

언젠가는 암호화폐로 월세도 내고 쇼핑도 하는 날이 오려나?

그러려면 암호화폐가 법정화폐 같은 강제통용력을 가져야 하는데, 쉬운 일이 아니죠.

미리 사둘걸~

알짜 경제용어를 잡아라

디지털 화폐의 종류와 관련 용어들에 대해 알아볼까요?

☆ CBDC (Central Bank Digital Currency)
중앙은행이 발행해 법정화폐의 효력을 갖는 CBDC로는 디지털 위안화(DCEP)가 있다.

☆ 전자화폐
민간이 발행하고 지급을 보증하며, 기존 통화에 계산 단위를 고정·연동한다. 알리페이, M-pesa 등이 있다.

☆ 암호화폐
비은행권이 발행하고 지급을 보증하지 않는다. 독자적인 계산 단위를 가진 암호화폐로는 비트코인, 이더리움 등이 있다.

☆ i머니
민간이 발행하지만 지급을 보증하지는 않는다. 금이나 유가증권 등 자산에 연동하는 특징을 가지며 노벰, 리브라가 이에 해당한다.

☆ b머니
상업은행이 발행하고 정부가 지급을 보증한다. 은행권에서 도입한 b머니로는 직불카드, 수표 등이 있다.

☆ 스테이블 코인(Stable Coin)
가격변동성을 최소화하기 위해 미국 달러나 유로화 등 법정화폐와 1대 1로 가치를 고정해둔 코인

☆ 알트코인(Altcoin)
비트코인을 제외한 모든 가상화폐를 말한다. 이더리움, 리플, 라이트코인 등이 있다.

☆ 크립토 윈터(Crypto Winter)
'가상자산의 겨울'이라는 의미로, 가상자산의 가격이 급락하고, 시장에서 자금의 유출이 지속되는 현상을 말한다.

☆ 디파이(De-fi)
블록체인 기술을 바탕으로 한 탈중앙화 금융으로, 중앙기관의 통제 없이 결제, 송금, 예금, 대출, 투자 등 모든 금융거래를 제공하는 것을 말한다.

THE ECONOMY IN CARTOON

026
가상과 현실이 공존하는 메타버스

027 투기의 시작 **튤립버블**

THE ECONOMY IN CARTOON

028 가진 금만큼만 돈을 찍는 금본위제

THE ECONOMY IN CARTOON

참나, 이 종이 쪼가리가 뭐라고 울고 웃고…. 그런데 돈은 어떻게 쓰이게 되었을까?

금과 관련이 있죠. 여러 가지 재료가 화폐로 쓰였지만, 시간이 갈수록 금이 주요 화폐로 통용되기 시작했습니다.

화폐라면 다음 기준을 충족해야 하지!

1. 통화라는 본질적 가치
2. 재화로서의 희귀성
3. 시간의 흐름과 관계 없는 내구성
4. 쉽게 보관할 수 있는 휴대성

아리스토텔레스

하지만 금은 휴대성이 떨어졌죠.

집살돈

유럽의 몰락과 대공황으로 새로운 국제통화체제가 필요해졌고, 선진국들은 1944년 '브레턴우즈' 체제를 탄생시켰습니다.

★TIP

IMF(국제통화기금)
1944년에 체결된 브레턴우즈 협정에 의해 1945년에 설립된 국제금융기구다. 국제통화기금과 국제부흥개발은행(IBRD, International Bank for Reconstruction and Development)을 총칭해 '브레턴우즈 기구'라고 한다.

기축통화
국제 무역거래 등에서 결제 수단으로 사용되는 통화. 대표적으로 미국의 달러, 유럽연합(EU)의 유로, 일본의 엔화 등이 있다.

알짜 경제용어를 잡아라

'경제' 하면 돈! 돈의 본질을 아는 것도 중요하죠.

☆ 신용화폐

신용경제의 발달에 따라 채권과 채무의 관계에서 화폐의 기능을 대신하는 증서로 은행권, 어음, 수표 등이 있다. 현대에 통용되는 모든 화폐는 신용화폐로, 빌려간 돈을 꼭 갚을 것이라는 믿음, 예금으로 은행에 예치한 돈을 모든 사람이 한꺼번에 찾으러 오지 않을 것이라는 믿음을 담보로 발행된 돈이다. 따라서 신용만 받쳐준다면 무한정 찍어낼 수도 있다. 미국이 달러를 계속 찍어내 경기부양을 할 수 있는 것도 달러가 신용화폐이기 때문이다.

☆ 달러본위제

'순금 1온스 = 미국 돈 35달러'라는 식으로 금 대신 달러가치에 모든 화폐가치를 맞춘 것. 금본위제 때 모든 돈의 가치가 금에 귀속되었다면, 지금은 모든 돈의 가치가 달러로 귀속된다. 따라서 외환보유고로 달러를 비축해두는 것이다.

☆ 지급준비제도

고객이 은행에 예금한 돈 중에서 일정 비율의 금액을 중앙은행에 의무적으로 예치하도록 한 제도. 처음에는 고객이 갑자기 돈을 찾으러 올 때를 대비하는 성격이 강했으나 최근에는 통화량 조절 수단으로 사용되고 있다.

☆ IT버블

1990년대 후반부터 촉발된 IT기술주(株) 거품. '닷컴버블'이라고도 한다. 특별한 실적도 없는 기술주에 엄청난 자금이 몰렸으나 2000년대 초반 거품이 꺼지면서 주가가 폭락했다.

☆ 치킨버블

우후죽순으로 증가하는 치킨집이 한국 경제를 위협하게 될지도 모르는 현상을 일본의 '부동산 버블'에 빗대어 표현한 것. 현재 매년 약 7,400개의 치킨집이 새로 문을 열고, 기존 치킨집 중 약 5,000개가 문을 닫는다고 한다.

☆ 자국통화표시법(직접표시법)

외국 통화 1단위 또는 100단위와 교환할 수 있는 자국 통화의 단위 수를 나타내는 환율표시법. 외국통화표시법보다 자연스럽게 다가오는 환율이며 대부분의 나라에서 사용하고 있다.

THE ECONOMY IN CARTOON

029 은행의 안정성을 보여주는 BIS비율

* BIS: Bank for International Settlements

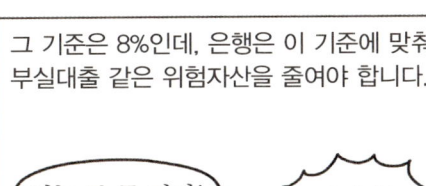

그 기준은 8%인데, 은행은 이 기준에 맞춰 부실대출 같은 위험자산을 줄여야 합니다.

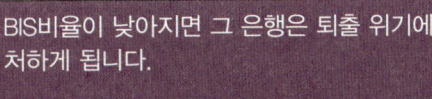

BIS비율이 낮아지면 그 은행은 퇴출 위기에 처하게 됩니다.

그럼 고객 입장에선 BIS비율이 높은 은행에 돈을 맡기는 것이 안전하겠군.

2011년 저축은행 사태 당시 영업이 정지된 7개 은행은 BIS비율을 속여 수많은 예금주를 피눈물 흘리게 했습니다.

그중 최악은 보해저축은행으로 BIS를 -1.09%로 공시했는데, 저축은행 사태 이후 수사를 해보니 -91.35%로 밝혀졌죠.

그래도 BIS비율이 은행의 안전성을 파악하는 중요한 기준 중 하나인 것만은 분명합니다.

THE ECONOMY IN CARTOON

물가가 올라야 좋을까, 내려야 좋을까?
인플레이션과 디플레이션

030

* 대공황: 1929년 10월 뉴욕주식거래소에서 주가가 대폭락하며 시작된 사상 최대의 공황. 이를 계기로 세계적 불황이 시작되었다.

THE ECONOMY IN CARTOON

내 수당, 상여금, 퇴직금을 결정하는 통상임금

031

경제 현대중공업 6,300억 원대 통상임금 소송. 10년간의 타협 끝에 각종 상여금을 통상임금 소급분에 포함하기로

오~ 이제 경제 뉴스도 보나요?

긴 소송전 끝에 정기, 명절 상여금을 소급하기로 했고, 그 규모는 7,000억 원 안팎으로 추산돼요.

소급분 전부 지급하면 우리는 너무 부담ㅠㅠ

기업

상여금을 비롯한 각종 수당이 '통상임금'에 포함되느냐 아니냐를 가지고 소송이 진행되었던 건이에요.

상여금 없는 나 같은 직장인과는 상관없는 이야기 아니야?

임금에는 평균임금, 통상임금이 있습니다. 평균임금은 산정일 기준 3개월간 임금의 평균을 말하고, 주로 퇴직금을 산정할 때 기준으로 사용합니다.

퇴직금 산정 중

평균임금

2013년 정기상여금이 통상임금에 포함된다는 대법원의 전원합의체 판결에 따라

여러 기업에서 노사 간 통상임금에 관한 소송이 진행 중입니다. 임금은 3년까지 추가 수당 소송을 할 수 있기 때문에

대법원도 처음에는 회사 경영이 어려워질 정도의 금액은 소송을 제기할 수 없다(신의성실의 원칙)고 선을 그었죠.

재계에서도 통상임금 범위 확대는 부당하다고 주장했지만,

대법원은 결국 회사의 경영 성과를 고려했을 때 이것이 심각한 위기가 되지는 않을 거라 판단한 거죠~

★TIP

통상임금
근로자에게 정기적이고 일률적으로 소정 근로 또는 총근로에 대해 지급하기로 정한 급여

신의성실의 원칙
자신이 가진 권리를 남용해 상대방의 신뢰를 저버리거나 심각한 손해를 주어서는 안 되고, 신의와 성실한 태도로 행동해야 한다는 원칙

알짜 경제용어를 잡아라

물가가 오르느냐 내리느냐는 실생활에 무척 중요한 문제입니다.

☆ 인플레이션(Inflation)
화폐가치가 하락해 일반 물가 수준이 지속적으로 상승하는 현상

☆ 디플레이션(Deflation)
경기가 침체되면서 물가가 지속적으로 하락하는 현상. 디플레이션이 발생하면 부동산이나 주식 등의 자산가치도 함께 떨어지고, 물가 하락이 연쇄 반응을 일으키면서 점점 더 깊은 경기불황으로 빠져들게 된다.

☆ 바이플레이션(Biflation)
중국 등 신흥국의 인플레이션(물가 상승)과 미국과 유럽 등 선진국의 디플레이션(물가 하락)이 동시에 나타나는 현상. 서브프라임모기지 이후 세계 경제의 양상을 표현하는 말

☆ 스태그플레이션(Stagflation)
경기침체를 의미하는 스태그네이션(Stagnation)과 물가 상승을 의미하는 인플레이션(Inflation)의 합성어. 흔히 인플레이션은 호황 국면에 나타나는 물가 상승 현상으로 알려져 있는데, 스태그플레이션은 경기침체 속에서도 물가가 상승하는 현상을 보인다.

☆ 코어인플레이션(Core Inflation)
장기적인 기초물가 상승을 말한다. 일반적으로 석유 파동, 이상 기후 등 예상치 못한 일시적 외부 충격에 의한 물가변동분을 제거하고 난 후의 물가 상승을 말한다.

☆ 애그플레이션(Agflation)
전쟁이나 지구온난화 등으로 인해 밀과 옥수수, 콩 등 농산물 가격이 급등하면서 물가가 함께 오르는 현상

☆ 더블딥(Double Dip)
불황에서 벗어난 경제가 다시 침체에 빠지는 이중하강 현상. 두 차례 침체의 골을 거쳐 회복기에 접어들기 때문에 'W자형 경제구조'라고도 한다.

032 경제가 과열과 침체를 오가는 건 **샤워실의 바보** 때문?

THE ECONOMY IN CARTOON

TIP

샤워실의 바보
정부의 무능과 어설픈 경제정책을 꼬집기 위한 개념. 물의 온도에 따라 성급히 수도꼭지를 돌리는 샤워실의 바보처럼, 정부가 성급히 경제정책을 시행하면 안 된다는 내용

THE ECONOMY IN CARTOON

033

상위 계층의 부는 정말 아래로 흐를까?
트리클다운 효과

난 41대 미국 대통령 조지 H. W. 부시! 임기 중에 많은 일을 했지.

걸프전 / 파나마 침공 / 아빠!

지금부터 특별히 내 임기 때 실시한 경제정책 '트리클다운 효과'에 대해 이야기해주겠어.

트리클다운 효과란, 이렇게 물이 차고 넘쳐 바닥을 고루 적시듯

적셔 적셔

정부에서 투자를 늘려

정부

대기업과 부유층의 부를 늘려주면

대기업 / 상위 1%

★ TiP

트리클다운 효과
대기업의 성장을 촉진하면 덩달아 중소기업과 소비자에게도 혜택이 돌아가 총체적으로 경기를 활성화시킬 수 있다는 경제이론. 하지만 부익부빈익빈을 더욱 심화시켰다는 평을 받고 있다.

THE ECONOMY IN CARTOON

피 같은 돈은 흘러야 제맛!
유동성

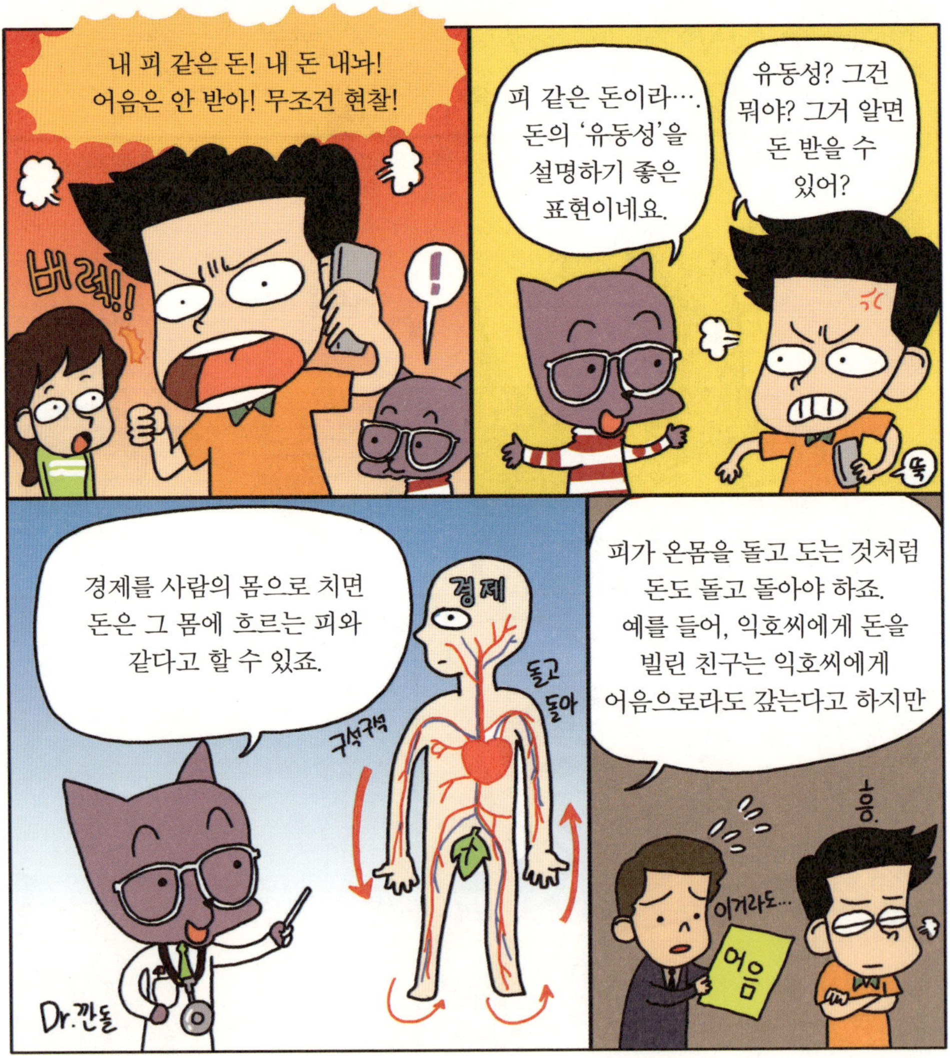

034

내 피 같은 돈! 내 돈 내놔! 어음은 안 받아! 무조건 현찰!

피 같은 돈이라…. 돈의 '유동성'을 설명하기 좋은 표현이네요.

유동성? 그건 뭐야? 그거 알면 돈 받을 수 있어?

경제를 사람의 몸으로 치면 돈은 그 몸에 흐르는 피와 같다고 할 수 있죠.

피가 온몸을 돌고 도는 것처럼 돈도 돌고 돌아야 하죠. 예를 들어, 익호씨에게 돈을 빌린 친구는 익호씨에게 어음으로라도 갚는다고 하지만

알짜 경제용어를 잡아라

경제를 지칭하는 용어들을 만나봅시다.

☆ 골디락스경제
경제가 뜨겁지도 차갑지도 않은 호황. 즉 '고성장·저실업·저물가'의 이상적인 균형 상태를 의미한다.

☆ 포트래치경제
큰 부를 축적한 기업들이 이익의 일부를 사회에 환원하여 빈부격차를 줄이는 데 기여하는 것을 의미한다.

☆ 수소경제
머지않아 화석연료인 석유가 고갈될 것으로 예견됨에 따라 새롭게 등장할 것으로 예상되는 수소가 주요 연료가 되는 미래의 경제

☆ 규모의 경제
생산 규모가 늘어나면 제품 단가당 원가 절감이 발생해 제품 원가가 하락하는 것

☆ 지하경제
세금을 비롯해 갖가지 정부의 규제를 회피해 보고되지 않은 경제

☆ 신경제
정보기술(IT) 혁명과 지식산업이 이끄는 고성장·저물가의 새로운 경제 체제. '디지털경제', '지식경제'라고도 한다.

☆ 내부경제
'내부절약'이라고도 하며 생산 규모의 증대에서 생기는 경제, 즉 평균 비용의 감소를 말한다.

☆ 외부경제
한 경제 주체의 생산·소비 또는 분배 행위가 시장 교환 과정에 참여하지 않고 있는 다른 소비자 또는 생산자에게 유리한 영향을 미치는 것

알짜 경제용어를 잡아라

전 세계를 움직이는 세계기구들을 정리해보아요.

☆ **국제통화기금(IMF, International Monetary Fund)**
세계무역 안정을 목적으로 설립한 국제금융기구. 가맹국의 고용 증대와 소득 증대, 산업 개발에 기여하며, 외환시장 안정을 위한 자금 제공 등의 역할도 한다.

☆ **세계은행(IBRD, International Bank for Reconstruction and Development)**
제2차 세계대전 후 각국의 전쟁 피해 복구와 개발을 위해 설립되었다. 주로 개발도상국의 공업화를 위한 융자와 기술원조 등을 제공한다.

☆ **국제결제은행(BIS, Bank for International Settlements)**
각국 중앙은행 간의 협조 증진과 국제금융 안정 추구를 위해 설립된 국제기구. 은행의 건전성 확보를 위해 자기자본비율을 규제하고 있다.

☆ **FRB(Federal Reserve Board)**
연방준비제도이사회. 미국의 중앙은행을 의미한다. 달러를 공급하고 기준금리를 결정하며 지급준비율을 조정하는 등 통화정책을 총괄하고 있다. 여러 개로 분산된 은행들이 모여 중앙은행 구실을 한다.

☆ **경제협력개발기구(OECD, Organization for Economic Cooperation and Development)**
제2차 세계대전 직후 유럽의 경제 부흥을 위한 미국의 마셜 플랜에 따라 1948년에 결성된 유럽경제협력기구(OEEC)를 모태로, 개발도상국 문제 등 새로운 세계 정세에 적응하기 위해 1961년 9월에 발족되었다.

☆ **세계무역기구(WTO, World Trade Organization)**
국제무역을 확대하고 회원국 간의 통상 분쟁을 해결하며 세계 교역을 촉진시키기 위해 설립되었다. WTO 출범 이전까지 세계무역 질서를 이끌어온 가트(GATT) 체제와 달리 강제집행권을 행사할 수 있도록 했다.

☆ **아시아인프라투자은행(AIIB, Asian Infrastructure Investment Bank)**
미국과 일본이 주도하는 세계은행과 아시아개발은행(ADB) 등에 대항하기 위해 중국의 주도로 설립된 은행으로, 아시아·태평양 지역 개발도상국의 인프라 구축을 목표로 한다.

알아두면 좋은 경제학자 ③

칼 마르크스
(Karl Heinrich Marx, 1818~1883년, 독일)

- 노동자의 처지를 생각한 경제학자
- 평등한 사회를 위해 단결하자.
- 대표 저서: 《공산당 선언》, 《자본론》

세 번째로 알아볼 경제학자는 최초로 노동자의 처지를 생각한 칼 마르크스야. 마르크스는 사회주의를 주창한 혁명가로 더 유명하지만 경제학에도 큰 영향을 미쳤어.

산업이 발전해도 노동자의 삶은 더 피폐해진다, 《자본론》

당시 산업혁명으로 풍요로워진 삶의 이면에는 처참한 노동자의 삶이 있었어. 해도 들지 않는 공장에서 밤늦게까지 어린이들의 노동력마저 착취하며 산업을 발전시켰어. 당시 영국 노동자들의 평균 수명은 20세도 되지 않았다고 하니 얼마나 열악했는지 짐작할 수 있겠지? 산업혁명이 가져다준 풍요는 노동자의 것이 아니라 자본가의 것이었어. 이러한 현실에 분노한 마르크스는 그 원인을 밝혀내기 위해《자본론》을 집필했어. 이는 이전과는 전혀 다른 경제학으로, 노동자 경제학의 시초가 되었지.

잉여가치가 자본가의 이윤으로

마르크스는 자본주의 경제 체제는 불평등하니 보다 평등한 사회를 만들기 위해 노동자들이 단결해 혁명을 일으켜야 한다고 주장했어. 덕분에 정부와 자본가들에게 엄청난 미움을 샀지. 마르크스는 경제를 움직이는 주체는 크게 자본가와 노동자로 나뉘는데, 오로지 인간의 노동만이 새로운 가치를 만들 수 있다고 생각했어. 그리고 이 노동에 대한 대가인 임금이 실제 가치보다 훨씬 작고, 그 차액을 자본가가 착취한다고 생각했지. 노동자가 만든 가치 중 임금을 뺀 나머지 차액을 '잉여가치'라고 부르는데, 이것이 자본가에게는 이윤이 되는 거야. 마르크스는 자본가는 더 큰 이윤을 위해 계속해서 노동자를 착취하니 현재의 사회를 평등한 사회로 바꾸는 것만이 유일한 해결책이라고 보았어.

분업이 노동자의 삶을 피폐하게 만든다
마르크스는 분업이 노동자의 가치를 더욱 떨어뜨린다고 생각했어. 분업으로 인해 인간이 하나의 부품처럼 다루어졌기 때문이지. 그는 이것을 '소외'라고 불렀어. 하지만 자본가는 더 큰 이윤을 위해 분업을 선호했고, 마르크스는 결국 자본가의 끝없는 욕심이 자본주의 경제를 무너뜨릴 것이라고 예언했어. 그의 예언대로 1929년 세계는 대공황에 빠지게 돼. 이때 마르크스의 사상을 받아들인 많은 나라가 '사회주의'를 채택했지만, 결국 자본주의가 승리를 거두었지.

마르크스를 실패한 혁명가로 평가하기도 하지만, 유럽의 몇몇 나라에서는 그의 조언을 받아들여 이윤을 공평하게 분배하기 위해 노력하고 있어. 최근에 부의 공정한 분배가 다시 주요 화두로 떠오르고 있는 걸 보면 마르크스가 꼭 실패한 거라고 볼 수는 없겠지?

알아두면 좋은 경제학자 ④

알프레드 마샬
(Alfred Marshall, 1842~1924년, 영국)

- 근대 경제학의 창시자
- 수요 공급 곡선을 만들다.
- 대표 저서: 《경제학 원론》

네 번째로 알아볼 경제학자는 근대 경제학을 만들고 최초로《경제학 원론》을 정리한 알프레드 마샬이야. 경제학을 배울 때 가장 먼저 배우는 수요와 공급의 원리를 간단한 그림으로 만들어 설파한 사람이지.

냉철한 머리, 따뜻한 가슴

마샬이 태어났을 당시 영국은 매우 부유했어. 전 세계에 식민지를 건설해 '해가 지지 않는 나라'로 불리던 때였거든. 하지만 가난한 사람도 참 많았어. 마샬은 가난한 사람에 대한 애정과 관심이 컸고, 그들에게 도움을 주기 위해 경제학을 공부하기 시작했어. 그는 가난한 이들을 돕기 위해선 마음뿐 아니라 세상의 이치를 정확하게 파악하는 능력도 필요하다고 생각했지. 그래서 "냉철한 머리, 따뜻한 가슴"이라는 유명한 말을 남겼어. 이 말은 지금도 경제학을 공부하는 사람들이 지녀야 하는 기본적인 태도지.

수요와 공급이 일치하는 지점에서 가격이 형성된다

마샬은 가격이 어떻게 결정되는지를 깊이 고민했어. 기존의 고전학파 경제학자들(애덤 스미스, 데이비드 리카도 등)은 공급을 너무 강조했고, 한계효용학파 경제학자들은 수요를 지나치게 강조했어. 마샬은 이 둘을 합쳐 수요와 공급이 만나는 지점에서 가격이 결정된다는 사실을 발견했지. 그래서 그 유명한 '수요의 법칙'과 '공급의 법칙', '수요 공급 곡선'이 만들어진 거야. 수요와 공급이 일치하는 점에서 가격과 생산량이 결정되고, 이를 '시장의 균형'이라고 불렀어. 이는 경제학에서 가장 대표적인 이론이지.

수요의 가격탄력성

마샬은 상품 가격이 변할 때 수요량이 변하는 정도가 다 다르다는 것도 발견했어. 이를 '수요의 가격탄력성'이라고 해. 어떤 상품의 가격이 달라질 때 수요량이 얼마나 달라지는지 나타낸 거야. 이 '탄력성'이라는 개념도 경제학에서 매우 중요하지. 마샬은 이런 어려운 개념들을 모아 《경제학 원론》이라는 책을 출간했어. 집필부터 출간까지 무려 20년이나 걸린 책인데, 출간 이후 30년 동안 내용을 수정하고 발전시켜 8차례나 새로 찍었어. 총 50년의 연구 성과가 담긴 대단한 책이지.

이처럼 마샬은 근대 경제학의 튼튼한 토대를 만들어내며 '지난 100년을 통틀어 가장 위대한 경제학자'라는 평을 듣게 되었어. 냉철한 머리와 따뜻한 가슴이 있었기에 가능한 일이 아니었을까?

035	걸음마다 금리가 출렁! '자이언트 스텝'
036	물가안정이 먼저! '매파', 경제성장이 먼저! '비둘기파'
037	은행이 돈을 버는 방식 '예대마진'
038	우리나라 주가는 내가 지킨다! '동학개미'
039	여러분, 돈 좀 빌려주세요! '공모주'
040	주식회사 사업 밑천 '주식', 돈 빌린 빚문서 '채권'
041	지금 은행에 있는 내 돈이 위험하다! '뱅크런'
042	엄격한 신고식을 거쳐야 증권거래소에 들어올 수 있어요! '상장'
043	주식시장 흐름을 알려주는 '코스피', 주식시장 2인자 '코스닥'
044	증시에서 저돌적인 황소는 '강세장', 느릿느릿 곰은 '약세장'
045	주식시장의 보이지 않는 손! '사이드카'와 '서킷브레이커'
046	증시에서 '올빼미 공시'는 나쁜 소식을 가져온대요
047	엉망진창 기업 성적표 '어닝쇼크'
048	아무것도 없으면서 파는 '공매도', 주가가 떨어져야 웃는다?
049	자본금과 주가를 올리는 '증자', 눈물을 머금고 줄이는 '감자'
050	없던 애사심도 솟아나요! '스톡옵션'
051	돈 없는 개미들을 위해 고안된 투자 방식 '펀드'
052	부실기업에 투자하는 고수익·고위험 투자처! '벌처펀드'와 '헤지펀드'
053	소규모로 끼리끼리 고수익을 노리는 '사모펀드'
054	안정적인 수익을 원한다면 '롱숏펀드', 좀 더 고수익을 원한다면 'ELS'
055	신용에 따라 달라지는 '금리'의 9가지 종류
056	단기자금 투자하기 좋은 'CD', 'CP', 'RP'

THE ECONOMY IN CARTOON

셋째마당

재테크에 바로 써먹는 금융상식

THE ECONOMY IN CARTOON

035
걸음마다 금리가 출렁!
자이언트 스텝

미국의 '자이언트 스텝'에 왜 우리나라에서 대출받은 사람들이 덜덜 떠는 거지?

뉴스에서 자주 들을 수 있는 용어인 빅스텝, 자이언트 스텝, 점보 스텝은

금리 인상 단위 1%를 4등분해 금리 조정 단위로 설정하면서 시작되었습니다.

앨런 그린스펀 전 연준의장

0.25 0.5 0.75
1990년대

금리는 왜 올리는 거야?

036 물가안정이 먼저! 매파, 경제성장이 먼저! 비둘기파

대외정책 뿐 아니라 금융정책에도 매파와 비둘기파가 있습니다.

매파는 경기과열이 예상될 때 통화량을 줄여 진정시키려고 하는 '통화 긴축파'입니다.

반면 비둘기파는 경기를 부양하기 위해 시중에 돈을 풀어야 한다고 주장하는 '통화 완화파'입니다.

한국은행의 예를 보면 금융통화 위원들의 성향에 따라 향후 금리정책을 예상해볼 수 있습니다.

7명의 금융통화 위원 가운데 의장을 제외하고 5명은 금리 인상을, 1명은 금리 동결을 주장….

그럼 금리가 올라가겠군….

되갚아주러 가자고!

★TIP

올빼미파
매파와 비둘기파 어디에도 속하지 않는 중립 성향을 가진 사람들

오리파
임기가 곧 끝나 정책에 별 관심이 없는 금융통화 위원

THE ECONOMY IN CARTOON

은행이 돈을 버는 방식
예대마진

037

알짜 경제용어를 잡아라

은행에도 순위가 있다는 사실을 알고 있나요?

⭐ 제1금융권
큰 도시에 본점이 있고 전국에 지점망을 갖춘 일반은행인 시중은행을 비롯하여 지방의 특정 지역에서만 독자적으로 영업하는 지방은행, 특별 법규를 적용받아 특별 업무를 하는 특수은행 등이 이에 포함된다. 시중은행으로는 KB국민, KEB하나, 신한은행 등이 있고, 지방은행으로는 부산은행, 대구은행, 전북은행 등이 있으며, 특수은행으로는 IBK기업은행, 농·수·축협 등이 있다.

⭐ 제2금융권
은행을 제외한 나머지로 증권회사, 보험회사, 저축은행, 새마을금고, 투자신탁회사, 종합금융회사, 신용협동조합 등을 말한다. '제2금융권'이라는 말은 원래 은행과 구별하기 위해 만든 용어로, 은행이 제공하지 못하는 전문적인 금융 수요를 충족시키기 위해 탄생했다.

⭐ 제3금융권
제1금융권, 제2금융권을 제외한 금융기관을 말한다. 은행이나 보험회사 등에서 대출받기 힘든 서민을 위한 대부업체가 대표적이다.

⭐ 여신
은행이나 보험사 등 금융기관에서 돈을 빌려주는 일을 말한다.

⭐ 수신
여신과 반대되는 말로, 금융기관이 고객의 돈을 예금 형태로 예치하는 일을 말한다.

⭐ 글래스스티걸법
1993년 미국에서 제정된 법률로, 예금과 대출을 중심으로 한 상업은행과 펀드 등 투자를 중심으로 한 투자은행의 분리를 명시한 법

038

THE ECONOMY IN CARTOON

우리나라 주가는 내가 지킨다! 동학개미

★TiP

인내천(人乃天)
사람이 곧 하느님이며 만물이 모두 하느님이라고 보는 천도교의 중심 교리. 동학의 3대 교주 손병희가 주장한 천도교의 근본이 되는 중요한 뜻이다.

기관투자자
증권시장에서 대규모 자금으로 투자활동을 하는 법인 형태의 투자자를 말한다. 투자신탁회사, 은행, 증권사, 보험사, 종금사, 상호저축은행, 연기금 등이 있다.

THE ECONOMY IN CARTOON

039
여러분, 돈 좀 빌려주세요!
공모주

"신규 사업을 시작하고 싶은데 돈이 모자라네…."

"'공모주'를 발행하는 건 어때요?"

"공모주?"

공모주란, 회사 운영에 필요한 자금을 공개모집하는 주식을 말합니다.

"공모주 사세요~!"

이때 기업이 일반인을 대상으로 주식을 새로 발행하거나 이미 발행한 주식을 팔기도 합니다.

"매출"

"모집"

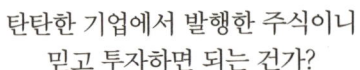

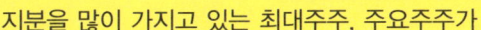

THE ECONOMY IN CARTOON

주식회사 사업 밑천 **주식**, 돈 빌린 빚문서 **채권**

040

THE ECONOMY IN CARTOON

지금 은행에 있는
내 돈이 위험하다!
뱅크런

041

으악, 나 경제저축은행에 적금 들어놓은 거 있는데!

경제저축은행 영업 정지

내 돈!!!!!!

휴~ 예금자보호로 5,000만 원까지는 원금 보장이 된대.

그러게 나처럼 버는 족족 써버리면 걱정 없지~

이처럼 은행의 파산, 부도, 부실, 크게는 국가부도 사태 소식이 퍼지면 돈을 인출하려는 사람들이 장사진을 이루죠.

★ TiP

펀드런
펀드에서 손해볼 것을 우려해 증권회사로 우르르 달려가 환매하는 것

예금자보호제도
은행 등 금융기관이 예금주에게 돈을 지급할 수 없게 되는 경우 정부나 정부를 대신하는 공공기관이 금융기관에 맡겨진 최대 5,000만 원의 자금을 대신 지급하는 제도

알짜 경제용어를 잡아라

주식투자와 관련된 용어를 알아볼까요?

☆ 프로그램 매매
증권시장에서 시세 변동에 따라 자동으로 주문하도록 되어 있는 컴퓨터 프로그램을 통해 이루어지는 거래로, 주식을 대량 거래하는 기관투자가가 수십 종목씩 바스켓으로 묶어 거래하는 것을 말한다.

☆ 포트폴리오(Portfolio)
분산투자를 위해 여러 종류의 주식이나 채권에 투자된 증권들의 집합을 말한다. 분산투자를 통해 위험을 줄일 수 있기 때문에 펀드에서는 기본적으로 포트폴리오를 구성하도록 되어 있다.

☆ 골든크로스(Golden Cross)
단기 이동평균선이 장기 이동평균선을 아래에서 위로 상향 돌파하는 경우를 말한다. '황금 십자가'라는 말 그대로 가장 좋은 매수시점이라고 할 수 있다. 특히 주가가 바닥 상태에서 나타날 때는 더욱 좋은 매수시점이 된다.

☆ 블루칩(Blue Chip)
삼성전자나 포스코처럼 주식시장의 대형우량주를 의미한다. 재무구조가 튼튼하며 안정성, 성장성, 수익성이 높아 업종 대표주의 성격을 갖고 있다. 비교적 고가에 거래된다.

☆ 레드칩(Red Chip)
중국 관련 종목을 가리키는 말로, 홍콩증권거래소에 상장된 기업 중 중국 정부와 국영기업이 지분을 갖고 있는 기업들의 주식을 뜻한다.

☆ 블랙칩(Black Chip)
석탄이나 금광을 개발하는 상장사의 주식 종목을 일컫는 말로, 에너지와 관련된 종목, 원자재로 석유를 쓰거나 탐사하는 종목 등이 이에 해당한다.

☆ 공개호가
집단경쟁매매에서 거래하는 방법으로 상품의 매수·매도 가격을 크게 외침으로써 공개적으로 집단 거래상대방을 찾는 방법

☆ 유가증권(有價證券)
가격이 있는 물건의 재산권을 표시하는 증서로, 주식과 채권이 대표적이다. 증권을 주고받는 것만으로도 권리를 이전할 수 있어 증권의 유통을 원활하게 만드는 것이 특징이다.

THE ECONOMY IN CARTOON

엄격한 신고식을 거쳐야 증권거래소에 들어올 수 있어요! 상장

042

THE ECONOMY IN CARTOON

043
주식시장 흐름을 알려주는 **코스피**, 주식시장 2인자 **코스닥**

★TIP

코스피
우리나라의 종합주가지수. 증권시장에서 형성되는 개별 주가를 총괄적으로 묶어 전체적인 주가를 나타내는 지표

코스닥
우리나라 중소기업의 직접금융 조달 수단으로서, 주식 장외거래를 활성화하기 위해 1996년 7월에 처음 문을 연 매매중개회사

코스피200
시장 대표성, 업종 대표성, 유동성(거래량의 정도) 등을 고려해 선정한 200개 우량 종목의 주식 가격을 합친 것

THE ECONOMY IN CARTOON

증시에서 저돌적인 황소는 **강세장**, 느릿느릿 곰은 **약세장**

044

알짜 경제용어를 잡아라

주식은 경제를 보는 하나의 척도. 하지만 기관, 외국인투자자에게 큰 영향을 받기 때문에 함부로 판단하는 건 금물입니다!

☆ 서머랠리(Summer Rally)
매년 여름휴가를 앞둔 6~7월경에 주가가 강세를 보이는 현상

☆ 산타랠리(Santa Rally)
크리스마스를 전후한 연말과 신년 초에 주가가 강세를 보이는 현상

☆ 주가수익비율 (PER, Price Earning Ratio)
주식의 저평가 여부를 판단하는 척도로, 1주의 주가를 1주당 순이익으로 나누어 계산한다. 낮을수록 저평가된 것이다.

☆ 주당순이익 (EPS, Earning Per Share)
기업이 벌어들인 순이익(당기순이익)을 그 기업이 발행한 총 주식 수로 나눈 값

☆ 가치주(Value Stock)
현재 기업의 내재가치에 비해 저평가된 주식을 말한다. 경기침체나 투자심리 위축 등으로 주가가 크게 하락하는 시기에 많이 생긴다.

☆ 보통주
의결권과 배당권, 회사 파산 시 잔여 재산 분배권을 가지되, 우선주나 후배주와 같이 특별한 권리 내용을 갖고 있지 않아 이익배당이나 잔여 재산 분배를 받는 순위에서 우선주 다음인 주식을 말한다.

☆ 선도주
증권시장에서 주가의 평균적인 움직임에 앞서 가격이 변동하면서 대량 거래되는 주식. 주가 상승 시에는 '주도주' 또는 '주력주'라고도 한다.

☆ 우선주
배당이익이 발생하거나 기업 해산으로 잔여재산이 분배될 때 보통주에 우선해 배당이나 분배를 받을 수 있는 권리를 가진 주식

☆ 작전주
증권브로커와 큰손, 대주주 등이 공모해 특정 기업의 주식을 매입해 주식값을 폭등시켰다가 시세가 좋을 때 되팔아 이익을 챙기는 주식 종목

045 주식시장의 보이지 않는 손! 사이드카와 서킷브레이커

THE ECONOMY IN CARTOON

* 블랙먼데이: 뉴욕의 다우존스 평균 주가가 전일 대비 22.6%나 폭락한 1987년 10월 19일 월요일을 가리키는 말

★TIP

사이드카
선물시장이 급변할 경우 현물시장에 대한 영향을 최소화함으로써 현물시장을 안정적으로 운용하기 위해 도입한 프로그램 매매호가 관리제도. 우리나라는 주가지수 선물시장을 개설하면서 도입했다. 선물 가격이 전일 종가 대비 5% 이상 상승 또는 하락해 1분간 지속될 때 발동하며, 일단 발동하면 주식시장 매매호가의 효력이 5분간 정지된다.

서킷브레이커
주식시장에서 주가가 갑자기 급등락하는 경우 시장에 미치는 충격을 완화하기 위해 주식 매매를 일시정지하는 제도. '주식거래중단제도'라고도 한다. 종합주가지수가 전일에 비해 10%를 넘는 상태가 1분 이상 지속되는 경우 모든 주식 거래를 20분간 중단시킨다.

종가와 호가
종가는 증권시장에서 당일 마지막으로 마감된 가격을 말하며, 호가는 증권시장에서 매매 거래를 원하는 사람이 정하는 매도·매수 가격을 말한다.

간혹 어닝쇼크에도 주가가 오르는 경우가 있는데, 이는 기업의 저력에 비해 실적이 저조했기에 개선의 여지를 보고 투자가 늘어났기 때문입니다.

내가 네 실력 알지~ 다음엔 잘할 수 있잖아?

화이팅
투자자
헤
기업

실적 발표를 통해 기업 중에서 옥석을 가리는 것이죠.

기업은 실적으로 말한다!

튼튼
큰 기업
허당
작은 기업
실적 발표
정답!

★TIP

어닝쇼크
기업이 보고서를 통해 발표한 실적이 시장의 예상보다 저조한 것을 말한다.

어닝서프라이즈
기업 보고서를 통해 발표한 실적이 당초 시장에서 예상한 것보다 좋은 경우를 말한다. 우리말로 '깜짝 실적'이라고도 한다.

영업이익
기업이 영업활동에서 얻은 수익. 매출액에서 원가, 인건비, 세금을 뺀 것이다.

매출액
상품이나 서비스를 판매해 생긴 총액

아-

THE ECONOMY IN CARTOON

아무것도 없으면서 파는 **공매도**, 주가가 떨어져야 웃는다?

 048

> 힝~ 주가가 또 떨어졌어.

> 주가가 떨어지면 좋아하는 사람도 있습니다.

> 엥 그런 사람이 있어?

> 바로 '공매도'를 하는 사람들이죠.

> 팔아요 팔아!
> 공매도
> 아무것도 없는데 뭘 팔아?
> 착한 사람한테만 보여!

> 예를 들면 A종목을 갖고 있지 않은 투자자가 하락을 기대하며 매도 주문을 냅니다.

> 현재가 3만 원
> A주 팝니다.
> 사실 A주 없음

알짜 경제용어를 잡아라

주가는 기업의 얼굴이기 때문에 기업들은 늘 주가를 신경쓰지요.

☆ 내부자거래
상장기업의 내부자가 그 직무·지위 덕분에 얻은 내부 정보를 이용해 자기 회사 주식을 매매함으로써 부당 이득을 취하는 것

☆ 기업설명활동 (IR, Investor Relations)
기업의 경영 내용과 미래 전망 등 포괄적인 정보를 주식투자자들에게 제공해 결과적으로 기업의 자금 조달을 원활하게 하는 활동

☆ 기업공개 (IPO, Initial Public Offering)
외부투자자가 공개적으로 주식을 살 수 있도록 기업이 자사의 주식과 경영 내역을 공개하는 것

☆ 우회상장(Back Door Listing)
비상장기업이 합병, 주식교환, 제3자 배정 유상증자 등을 통해 상장기업 경영권을 인수해 사실상 상장효과를 누리는 행위

☆ 우리사주제도
기업 또는 정부가 각종 정책적 지원을 제공해 자신이 근무하는 회사의 주식을 취득·보유하게 하는 종업원주식소유제도

☆ 액면분할
주식의 액면가액을 일정한 비율로 나눔으로써 주식의 수를 늘리는 것

☆ 깡통 계좌
신용거래를 이용해 주식을 구입한 경우 투자한 회사가 부도가 나거나 파산하면 증권회사에 빚만 남게 되는데, 이런 계좌를 말한다.

☆ 윈도드레싱(Window Dressing)
기관투자가들이 펀드 등에서 보유 주식의 평가액을 높이기 위해 평가가 이루어지는 날짜에 맞춰 해당 종목의 주가를 인위적으로 상승시키는 행위

049 자본금과 주가를 올리는 **증자**, 눈물을 머금고 줄이는 **감자**

THE ECONOMY IN CARTOON

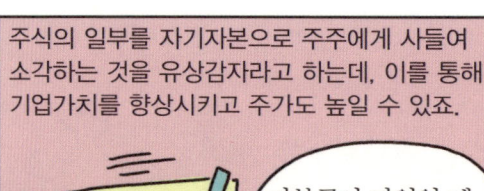

050 없던 애사심도 솟아나요! 스톡옵션

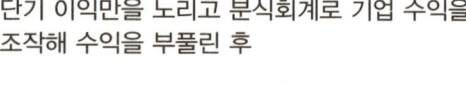

051 돈 없는 개미들을 위해 고안된 투자 방식 **펀드**

THE ECONOMY IN CARTOON

내 '펀드'는 왜 계속 마이너스람?

노미씨도 익호씨도 펀드에 가입했듯, 요즘 펀드는 보편적 투자처로 자리를 잡았지요.

일단 진정들 하시고

아왓 어떡해

그렇다면 펀드는 언제 생긴 걸까요?

펀드의 역사?

펀드란, 큰 자금이 없는 개인들이 모여 투자하는 것을 말합니다.

혼자는 불가능한 투자를 모여서 큰 자본으로 하고 수익은 나눠 갖고!

 # 알짜 경제용어를 잡아라

미국이 주춤하면서 세계의 관심뿐 아니라 돈도 아시아로 흘러들어가고 있어요.

⭐ **친디아(Chindia)**
세계 신흥시장 중에서 가장 주목할 만한 시장인 중국(China)과 인도(India)를 결합해 만든 용어

⭐ **브릭스(BRICs)**
브라질(Brazil), 러시아(Russia), 인도(India), 중국(China)의 영문 머리글자를 딴 용어. 세계 이머징마켓의 대명사처럼 불렸다.

⭐ **입사(IBSA)**
인도(India), 브라질(Brazil), 남아프리카공화국(South Africa)의 영문 머리글자를 딴 용어. 신흥 고성장 개발국으로 주목받고 있다.

⭐ **비스타(VISTA)**
베트남(Vietnam), 인도네시아(Indonesia), 남아프리카공화국(South Africa), 터키(Turkey), 아르헨티나(Argentina)의 영문 머리글자를 딴 용어. 브릭스에 이어 이머징마켓의 대명사로 불리고 있다.

⭐ **이미아(EMEA)**
신흥 유럽 국가들(Emerging Europe), 중동(Middle East), 아프리카(Africa) 지역을 말한다. 세계 석유매장량의 82%를 가지고 있다.

⭐ **샹콩(Shangkong)**
상하이(Shanghai)와 홍콩(Hong Kong)을 결합해 만든 용어. 샹콩이 세계 금융 중심을 상당 부분 동쪽으로 이동시킬 것으로 예측되고 있다.

⭐ **차이나프리카(Chinafrica)**
중국(China)과 아프리카(Africa)를 결합해 만든 용어. 중국의 아프리카 진출 붐을 상징하는 말이다.

052

THE ECONOMY IN CARTOON

부실기업에 투자하는 고수익·고위험 투자처! **벌처펀드**와 **헤지펀드**

THE ECONOMY IN CARTOON

소규모로 끼리끼리 고수익을 노리는 **사모펀드**

 053

소수의 투자자로부터 모은 돈으로 자산가치가 저평가된 기업에 투자해 기업가치를 높인 후 되팔아 수익을 내는 구조죠.

그럼 공개모집한 '공모펀드'랑 뭐가 다른 거야?

사모펀드는 투자자 수 이외에도 투자 대상에 대한 제한이 없습니다.

난 펀드 총액의 10% 이상을 한 주식에 투자할 수 없고, 주식 외 채권, 유가증권에도 한 종목에 10% 이상 투자할 수 없다구~

이렇게 이익을 많이 낼 수 있는 부분에 대한 투자에 제한이 없는 반면, 문제점도 있죠!

바로 먹튀펀드가 늘어나고 있다는 것입니다.

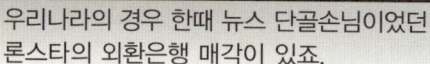

054

안정적인 수익을 원한다면 롱숏펀드, 좀 더 고수익을 원한다면 ELS

THE ECONOMY IN CARTOON

요즘 같은 1%대 저금리시대에 내 돈을 불릴 수 있는 방법은 정말 없는 건가?

돈 좀 있나 보지? 그럼 나 밥 좀 사줘.

주식투자도 불안하고, 부동산도 어떻게 될지 모르고….

확신이 드는 투자처가 없다면 비교적 안전하게 수익률을 올릴 수 있는 '롱숏펀드'는 어때요?

어멋 깐돌이~♡

롱(Long)은 주가가 오를 것을 예상해 매입하는 것이고, 숏(Short)은 하락이 예상되면 공매도를 해 차익을 남기는 것을 말합니다.

LONG SHORT

★TIP

롱숏펀드
매수(롱, Long)와 매도(숏, Short) 전략을 동시에 펼쳐 안정적인 수익을 노리는 펀드. 일반적으로 주가 움직임이 비슷한 두 종목을 이용하며, 시장 변화에 상관없이 안정적인 수익을 추구하므로 기대수익은 낮은 편이다.

ELS
주가연계증권. 특정 주식의 가격이나 주가지수 수치에 연계한 증권. 자산을 우량채권에 투자해 원금을 보존하고 일부를 주가지수 옵션 등 금융파생상품에 투자해 고수익을 노리는 금융상품으로, 2003년 증권거래법 시행령에 따라 상품화되었다.

알짜 경제용어를 잡아라

펀드의 종류와 용어를 알아봅시다.

☆ 인덱스펀드(Index Fund)
펀드 중에서 단순하게 종합주가지수나 채권 지수를 추적하도록 운용하는 펀드. 특별하게 가격 상승이 높을 것으로 기대하는 증권을 엄격하게 골라 고수익률을 지향하는 액티브한 펀드와 달리, 증권시장에 들어 있는 많은 종목을 골고루 구입해 장기간 보유하는 소극적인 펀드다.

☆ 국부펀드(SWF, Sovereign Wealth Fund)
외환보유액 등 정부자산을 기초로 한 나라의 정부기관이 운영하는 펀드. 아랍에미리트의 아부다비투자청, 노르웨이의 펜션펀드, 싱가포르의 테마섹 등이 대표적이며, 우리나라는 한국투자공사(KIC)가 이에 해당한다.

☆ 역외펀드(Off-shore Fund)
투자자가 속한 나라가 아닌 제3국에 조성된 펀드. 똑같이 해외에 투자하는 해외펀드라 해도 우리나라에서 설정된 펀드는 '역내펀드', 미국이나 일본 등 해외에서 설정된 펀드는 '역외펀드'라고 한다.

☆ 모자펀드
여러 개의 자(子)펀드에서 자금을 모아 모(母)펀드에서 운용하는 것

☆ 뮤추얼펀드(Mutual Fund)
회사형펀드 중에서 투자자들이 언제든지 가입할 수 있는 추가형펀드

☆ 좌(座)
펀드를 세는 단위. 주식의 한 단위를 '주(株)'라고 하는 것처럼 펀드의 한 단위는 '좌'라고 한다.

☆ 글로벌펀드
뮤추얼펀드의 일종으로, 포트폴리오 구성의 25% 이상을 해외증권이 차지하는 펀드

☆ 듀레이션(Duration)
투자자가 채권을 매입해 자금을 회수하는 데 걸리는 평균 기간

☆ 샤프지수(Sharp Ratio)
한 단위의 위험자산에 투자함으로써 얻은 초과 수익의 정도를 나타내는 지표. 수치가 높을수록 투자 성과가 성공적임을 뜻한다.

THE ECONOMY IN CARTOON

신용에 따라 달라지는 금리의 9가지 종류

055

THE ECONOMY IN CARTOON

단기자금 투자하기 좋은 CD, CP, RP

056

MEMO

알아두면 좋은 경제학자 ⑤

존 메이너드 케인스
(John Maynard Keynes, 1883~1946년, 영국)

- 20세기 최고의 천재 경제학자
- 위기에 빠진 1930년대 자본주의를 고쳐내다.
- 대표 저서: 《평화의 경제적 결과》,
  《고용, 이자 및 화폐의 일반이론》

다섯 번째로 알아볼 경제학자는 '20세기 최고의 천재 경제학자'라 불리는 존 메이너드 케인스야. 케인스는 1930년대 대공황에 빠진 자본주의를 뚝딱 고쳐낸 사람으로, 현대 거시경제의 토대를 만든 사람으로 유명하지.

대공황의 원인을 정확히 짚어내다, 수요 부족!

1929년 대공황이 발생하자 '보이지 않는 손'을 주장하던 경제학자들은 어쩔 줄 몰라 했어. 이때 케인스는 공황이 수요 부족에서 비롯된 것이라며 공황의 원인을 정확히 짚어냈지. 그는 이런 주장을 《고용, 이자 및 화폐의 일반이론》에서 상세히 다루었어. 그의 생각은 토머스 맬서스의 이론과 비슷해. 저축은 늘어나는데 기업의 투자는 늘지 않아 수요가 줄고, 실업자가 늘면서 사람들의 소득이 줄어 소비가 줄어든다는 분석이지.

케인스가 내놓은 해결책은? 정부의 투자!

이러한 수요 부족을 해결하기 위해 케인스가 내놓은 해결책은 '투자승수이론'이야. 적은 돈을 투자해 기대 밖의 큰 효과를 거둘 수 있다는 것이지. 가령 도로공사에 1억 원을 투자하면 거기서 파생되어 노동자, 자원 공급, 식비 등 5배 이상의 소득이 증가하는 효과를 얻을 수 있다는 거야. 이에 정치가들은 '보이지 않는 손'을 버리고 케인스의 처방으로 대공황에 맞섰어. 미국은 '뉴딜정책'으로 공공사업을 벌이고 댐을 건설했지. 마침 제2차 세계대전으로 전쟁 물자 공급을 위해 정부의 지출은 더욱 늘어났고 경제가 되살아나게 되었어. 결국 정부의 개입으로 경제가 회복되어 케인스의 이론이 옳다는 것이 증명된 거야.

국제기구 창시자, IBRD와 IMF

케인스는 공황과 같은 재난을 피하기 위해 국제기구가 필요하다고 강조했어. 그래서 생겨난 것이 국제부흥개발은행(IBRD)과 국제통화기금(IMF)이야. 이 두 기구는 지금도 여전히 중요한 국제기구로 활동하고 있지.

이처럼 케인스식 처방으로 위기를 이겨낸 것을 알고 있는 경제학자들은 2008년 서브프라임모기지 사태로 또 한 번 위기가 찾아오자 케인스식 해결책을 내놓았어. 정부가 개입해 돈을 뿌렸지. 이것을 '유동성 공급'이라고도 하고, '양적완화'라고도 해. 하지만 케인스가 살던 시대와 현대의 경제 상황은 많이 다르기 때문에 현대의 위기를 케인스식으로 해결하는 것은 문제가 있다는 우려의 목소리도 있었어. 과연 케인스의 이론이 이번에도 잘 통했을까? 61장에서 살펴보자구.

알아두면 좋은 경제학자 ⑥

밀턴 프리드먼
(Milton Friedman, 1912~2006년, 미국)

- 화폐의 중요성을 강조한 경제학자
- 다시 애덤 스미스로 돌아가야 한다.
- 대표 저서: 《미국 통화의 역사 1867~1960》

여섯 번째로 알아볼 경제학자는 "다시 '보이지 않는 손'으로 돌아가야 한다"라고 주장한 밀턴 프리드먼이야. 왜 그는 다시 애덤 스미스를 거론한 걸까?

자본주의의 또 다른 문제 발생, 인플레이션이 시작되다

존 메이너드 케인스의 도움으로 자본주의가 대공황을 이겨낸 이후 세계 경제는 번영을 누렸어. 실업자는 줄고 소득은 늘고 물가는 안정되었지. 그런데 1960년대 후반 자본주의 경제에 또 다른 문제가 발생했어. 바로 물가가 계속 상승하는 인플레이션이 발생한 거야. 물가가 계속 상승하고 화폐가치가 떨어지면 노동자들은 손해를 볼 수밖에 없어. 물가는 오르는데 임금은 그대로니까. 케인스학파는 세금을 거두어 소비를 줄이면 물가가 떨어질 것이라고 생각했어. 하지만 스태그플레이션이 발생했지. 실업자는 더 늘어나는데 물가가 계속 오른 거야. 이때 케인스의 경제학을 의심한 사람들이 나타났는데, 그중 하나가 바로 프리드먼이야.

문제는 돈이다

프리드먼은 케인스와 다르게 정부의 개입이 적을수록 좋다고 생각했어. 정부가 개입해 댐을 만들고 도로를 건설하면 그만큼 민간기업이 할 일이 줄어든다고 보았어. 또한 정부가 예산을 마련하기 위해 은행에서 돈을 빌리면 은행이자도 오른다고 생각했지. 따라서 정부의 지출은 공황 타결에 효과가 없다는 결론을 내렸어.

그는 공황이 발생한 또 다른 원인을 찾아냈는데, 바로 돈이었어. 그래서 대공황에서 벗어나기 위해선 통화량을 조절해야 한다고 생각했어. 이런 주장을 담아《미국 통화의 역사 1867~1960》을 써냈지.

정부가 할 일은 통화량 조절

프리드먼은 어느 정도의 실업은 어쩔 수 없으니, 정부는 이를 그대로 두어야 한다고 생각했어. 정부가 나서면 '샤워실의 바보' 같은 효과만 나기 때문에 정부는 통화량을 조절하는 것으로 그 역할을 최소로 해야 한다고 했지. 그는 정부가 매년 통화량을 조금씩 늘려나가야 경제가 안정될 거라고 했어. '보이지 않는 손'의 전통을 부활시킨 거야. 하지만 프리드먼의 이론을 따르면 경제는 안정되지만 경제성장률이 떨어져 사람들은 다시 케인스식 정책에 관심을 갖기도 했지.

정부 지출을 통해 경제를 발전시켜야 한다는 케인스의 사상과 통화량을 일정하게 공급해 경제를 안정시켜야 한다는 프리드먼의 사상은 자본주의 경제학에 2가지 큰 흐름을 형성하고 있어. 두 학파는 지금도 자신들이 옳다고 격렬하게 논쟁을 벌이고 있는데, 어쩌면 둘 다 완벽하지 않을 수도 있어. 어느 쪽이 옳다 그르다를 따지기보다 한 단계 발전된 새로운 사상이 필요한 시점이 아닐까?

057 기업의 안전한 놀이터 '규제 샌드박스'
058 여럿이 나눠 쓰는 '공유경제'
059 세계를 쥐락펴락! 미국과 중국의 패권전쟁 'G2'
060 각자 갈 길 가자! '디커플링'
061 세계가 떨고 있다! 미국의 '양적완화'와 '출구전략'
062 1929년 미국에서 시작된 사상 최대의 공황 '세계대공황'
063 석유 가격이 오르면 전 세계가 공포에 떤다! '오일쇼크'
064 경제대국 미국의 발목을 잡은 '서브프라임모기지 사태'
065 실체가 없는 '선물', '옵션'은 왜 만들어졌을까?
066 미국 주식시장의 흐름을 읽으려면 '다우지수'와 '나스닥지수'
067 빅맥 가격으로 환율을 가늠해보는 '빅맥지수'
068 환율이 오르면 이익 '환차익', 환율이 내리면 손해 '환차손'
069 국가부도 '모라토리엄', 국가파산 '디폴트'
070 경제영웅에서 골칫덩이로! GM과 포드는 '추락한 천사'
071 기업과 국가의 재무 성적표 '신용등급'

THE ECONOMY IN CARTOON

넷째 마당

알면 알수록 유용한 환율과 세계 경제

THE ECONOMY IN CARTOON

기업의 안전한 놀이터
규제 샌드박스

057

★TIP

규제 샌드박스
기업이 신제품이나 새로운 서비스를 출시할 때 일정 기간 동안 기존 규제를 면제, 유예해주는 제도

독과점
시장지배적 사업자. 특정 시장에서 점유율이 과하게 높거나 경쟁자가 거의 없는 사업자

불공정거래행위
경제시장에서 공정한 경쟁을 저해할 우려가 있는 행위

058 여럿이 나눠 쓰는 공유경제

THE ECONOMY IN CARTOON

"스피커 좀 빌려간다."

"그렇게 자주 빌려갈 거면 돈 내고 빌려가!"

"무슨 소리야. 사놓고 잘 쓰지도 않잖아."

'공유경제'가 이루어지고 있는 현장이로군요.

공유경제란, 특정 제품을 구매자 본인뿐 아니라 다른 사람도 함께 쓸 수 있는 형태로 '공유'하는 경제활동을 말합니다.

두 번째는 소비재 부문입니다. 개인과 개인 간의 거래는 편리함, 적정 가격, 효율성을 중요시하는 소비자들에게 환영받는 추세입니다.

세 번째는 전문 서비스시장입니다. 공유경제의 활성화로 전문 기술을 가진 인력이 직접 고용되지 않고 단기 계약이나 프리랜서로 일하는 '긱 이코노미' 시대가 열렸습니다.

결혼하지 않는 1인 가구가 늘어나고 코로나19 팬데믹으로 인한 경기침체 장기화에서 살아남기 위해 허리띠를 더욱 졸라매는 소비 방식은 전통적 '제품의 구매와 소유'에서 '공유'로 변화하고 있습니다.

알짜 경제용어를 잡아라

우리나라 경제와 떼려야 뗄 수 없는 중국! 중국 경제와 관련된 다양한 용어를 알아볼까요?

☆ SCO(상하이협력기구)

1996년 상하이 5자 회담으로 출발하여 2001년에 정식 출범한 상하이협력기구는 9개국, 즉 중국, 러시아, 카자흐스탄, 키르기스스탄, 타지키스탄, 우즈베키스탄, 파키스탄, 인도, 이란의 집단안보 협력기구다.

☆ AIIB(아시아인프라투자은행)

미국과 일본이 주도하는 세계은행(WB)과 아시아개발은행(ADB)에 대응하기 위해 2016년 중국의 주도로 만들어진 국제금융기구다. 한국을 포함하여 중국, 러시아, 인도, 독일, 영국 등 52개 회원국으로 시작하였으나 2023년 기준 106개국으로 늘어 ADB 회원국(68개국)보다 많다.

☆ 흑묘백묘론

1979년 덩샤오핑이 미국에 다녀온 뒤 한 말로, 검은 고양이든 흰 고양이든 쥐만 잘 잡으면 된다는 뜻이다. 자본주의든 공산주의든 상관없이 중국 인민을 잘살게 하면 그만이라는 덩샤오핑의 경제정책이다.

☆ 팍스 시니카(Pax Sinica)

'Pax'는 라틴어로 평화, 'Sinica'는 중국이라는 의미다. 따라서 팍스 시니카는 중국 경제 중심의 세계 질서 시대를 말한다.

☆ 유커와 싼커

'유커(游客)'란, 중국인 단체 관광객을 뜻한다. 중국어로 관광객을 뜻하는 유객(遊客)의 중국어 발음을 외래어 표기법에 따라 표기한 것이다. 반면 '싼커(散客)'란, 개별적으로 자유 여행을 하는 중국인 관광객을 이르는 말로, 최근 중국 MZ세대의 관광 트렌드다.

THE ECONOMY IN CARTOON

각자 갈 길 가자!
디커플링

경제공동체 사이에서 활성화된 무역으로 인해 선진국의 수요가 줄어도 타격을 덜 받게 되었기 때문이죠.

또 정부 주도의 치밀한 거시경제정책이 이를 뒷받침하고 있습니다.

다른 이머징마켓들과 멀어졌지만 한국 너만은 나를 벗어날 수 없어!

흔들리면 안돼…

한국의 수출입이 GDP에서 높은 비중을 차지하는 상황에선 외부 요인에 영향을 받을 수밖에 없습니다.

흑… 언제쯤 체질 개선해서 남에게 휘둘리지 않고 오롯이 내 갈 길을 갈 수 있을까?

빨리와! 파이팅…!

★ TIP

디커플링
한 국가의 경제 상황이 다른 국가나 세계 경제 상황과 유사한 흐름을 보이지 않고 탈동조화되는 현상

커플링
한 국가의 경제 상황이 다른 국가나 세계 경제 상황과 유사한 흐름을 보이는 현상

061 세계가 떨고 있다! 미국의 **양적완화**와 **출구전략**

THE ECONOMY IN CARTOON

THE ECONOMY IN CARTOON

1929년 미국에서 시작된 사상 최대의 공황
세계대공황

하지만 대공황 탈출의 결정적 계기는 제2차 세계대전으로

미국이 전쟁 물자를 보급하면서 실업이 해결되고 자본이 미국으로 모여들게 되는 계기가 되었습니다.

처음 겪은 대공황에서 교훈을 얻어 같은 일이 반복되지 않도록 제도적으로 대비를 했겠지?

그랬다면 그 이후 굵직한 경제위기들이 오지 않았겠죠….

부동산 버블
서브프라임 모기지 사태

★TIP

증거금
주식을 거래할 때 약정 대금의 일정 비율에 해당하는 금액을 미리 예탁해야 하는 일종의 보증금

뉴딜정책
1933년부터 1935년까지 미국 루스벨트 대통령의 주도로 추진된 정책. 부유한 사람들을 더욱 부유하게 하는 것이 아니라, 가난한 사람들을 풍요롭게 하는 것이야말로 진보라고 외치며 침체된 경기를 부흥시키고 실업자들의 생활을 구제하기 위한 단기적 회복에 중점을 두었다.

일자리 구함

알짜 경제용어를 잡아라

부채, 파산, 위기 관련 용어입니다.

☆ 소비자파산(Consumers Bankruptcy)
소비생활에서 과다한 채무를 지게 된 채무자가 빚을 갚을 능력이 없어 파탄에 빠지게 된 경우, 사회적 구제 차원에서 파산을 선고해 돕는 제도

☆ 모럴 해저드(Moral Hazard)
'도덕적 해이'라는 뜻으로, 상황 변화에 따라 자기 이익만 추구함으로써 다른 사람이나 사회에 피해를 주는 것을 말한다.

☆ 돈세탁(Money Laundering)
깨끗한 돈으로 세탁한다는 의미. 위법 행위로 얻은 부정자금을 계좌에서 계좌로 옮겨 자금의 출처나 수익자를 알 수 없게 하는 것이다.

☆ 양적완화(Quantitative Easing)
중앙은행은 경기를 방어하고 신용경색을 해소하기 위해 금리정책을 사용한다. 하지만 금리정책을 사용할 수 없는 비상 국면에서는 통화량 자체를 늘리는 방법을 동원하는데, 이 정책을 양적완화라고 한다.

☆ 테이퍼링(Tapering)
연방준비제도(Fed)가 양적완화 정책의 규모를 점진적으로 축소해나가는 것으로, 출구전략의 일종이다.

☆ 상업차관(Commercial Credit)
국가가 아닌 기업이나 개인이 자신의 신용으로 외국에서 차입의 형태로 자금을 들여오는 것

☆ 전대차관(Tied Loan)
외국환은행이 국내 거주자에게 수입자금 등으로 전대할 것을 조건으로 하여 외국의 금융기관으로부터 외화자금을 차입하는 방식

☆ 배드뱅크(Bad Bank)
기존 은행으로부터 부실자산을 넘겨받아 정리하는 업무를 전문으로 하는 은행. 기존 은행을 '굿뱅크'로 다시 태어날 수 있게 돕는다.

063 석유 가격이 오르면 전 세계가 공포에 떤다! 오일쇼크

THE ECONOMY IN CARTOON

064

경제대국 미국의 발목을 잡은 **서브프라임모기지 사태**

이게 뭐야! 위는 멀쩡한데 아래는 다 썩었잖아!

1등급 딸기라고 해서 샀는데 썩은 딸기를 섞어서 팔다니!

이런 불완전판매가 전 세계를 경제위기에 빠지게 한 주범이었다고 하면 믿으시겠어요?

경제위기?

2000년대 초반 IT버블이 붕괴하고 미국 본토가 공격받은 초유의 테러가 발생하자

굴지의 투자은행 리먼브라더스가 결국 파산하면서

연기금, 채권, 예금… 5조 원 증발

리먼브라더스
1849~2008

이 금융 쓰나미는 전 세계를 덮쳐 2008년 이후 세계 금융위기로 이어지게 되었습니다.

줄줄이
디폴트
스페인
포르투갈
아일랜드
아이슬란드
그리스
IMF 구제

크게 보면 금융공학으로 교묘하게 설계된 파생상품들이 결국 무너져내린 사건이지만

이론적으로는 완벽했는데….

난 잘못 없어

글로벌 금융위기

결과적으로 수많은 사람이 일자리와 집을 잃고 고통받았던 사건임을 잊지 말아야 합니다.

★TIP

불완전판매
금융기관이 고객에게 상품의 손실 가능성, 위험성, 운용 방법에 대해 충분히 알리지 않고 판매하는 것

금융공학
경제, 금융 데이터를 이용해 금융시장을 분석하거나 투자처를 결정하는 학문 분야

CDO(부채담보부증권)
신용등급이 다른 여러 개의 대출증권을 섞어 만든 것으로, 서브프라임모기지 부실 사태의 원인이 되기도 했던 각종 빚문서를 하나로 모아 판매하기 쉽게 만든 증권

THE ECONOMY IN CARTOON

실체가 없는 선물, 옵션은 왜 만들어졌을까?

065

무책임한 개발과 판매로 금융위기의 원인이 된 '파생상품'은 사실 미래의 위험을 줄이기 위해 만들어졌어요.

잉진짜?

선물, 옵션, 스와프 등 현물에서 파생된 거래들을 '파생상품'이라고 합니다.

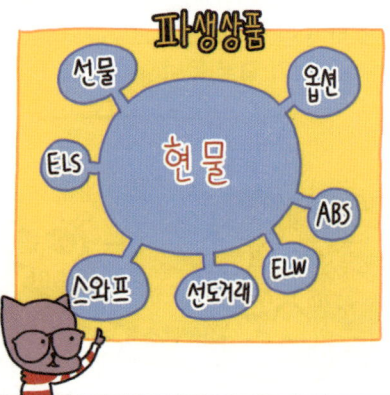

파생상품: 선물, 옵션, ELS, ABS, ELW, 선도거래, 스와프 / 현물

농작물 거래로 예를 들어볼까요?

배추는 흉작이 되면 가격이 치솟고, 풍작이 되어 값이 폭락하면 그냥 밭을 엎어버리고…. 불안해.

…

김치공장 사장

농부

알짜 경제용어를 잡아라

돈은 다양한 형태로, 다양한 이름으로 전 세계를 돌아다니고 있습니다.

⭐ 파생상품(Derivatives)
환율, 금리, 주가 등의 시세 변동에 따른 손실위험을 줄이기 위해 미래의 일정 시점에 일정한 가격으로 상품이나 주식, 채권 등을 거래하기로 하는 보험성 금융상품을 말한다.

⭐ 핫머니(Hot Money)
국제 금융시장을 이동하는 단기성 자금을 말한다. 각국의 단기금리 차이, 환율 차이에 의한 투기적 이익을 목적으로 하는 것과 국내 통화불안을 피하기 위한 자본도피, 두 종류가 있다.

⭐ 스마트머니(Smart Money)
장세 변화에 따라 신속하게 움직이는 자금으로, 시장 정보에 민감한 기관들이 보유한 현금 등이 이에 해당한다.

⭐ 정크본드(Junk Bond)
신용등급이 높아 투자적격업체에 속했던 기업이 경영 악화나 실적 부진으로 신용등급이 급격히 낮아졌을 때 과거에 그 기업이 발행한 채권을 가리킨다.

⭐ 오페라본드(Opera Bond)
선택형 교환사채. 일정 기간이 지난 후 당초 약정한 교환 가격에 따라 발행자 측이 가지고 있는 주식으로 바꿀 수 있는 권리가 부여되는 교환사채 중 하나

⭐ 엔 캐리 트레이드 (Yen Carry Trade)
금리가 낮은 일본 엔화로 돈을 빌려 미국 달러로 바꾼 뒤 금리가 높은 국가의 통화나 자산에 투자하는 것

⭐ 달러 캐리 트레이드 (Dollar Carry Trade)
상대적으로 금리가 낮아진 미국 달러를 빌려 다른 통화로 표기된 주식이나 채권 같은 고수익 자산에 투자하는 것

⭐ 카오스이론(Chaos Theory)
무질서하고 예측 불가능한 현상 속에 숨어 있는 정연한 질서를 끄집어내고자 하는 접근 방법

THE ECONOMY IN CARTOON

미국 주식시장의 흐름을 읽으려면 다우지수와 나스닥지수

066

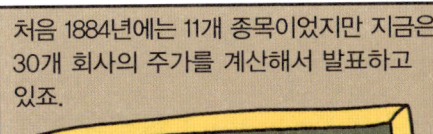

THE ECONOMY IN CARTOON

빅맥 가격으로 환율을 가늠해보는 **빅맥지수**

067

★ TIP

빅맥지수
일정 시점에서 미국 맥도날드의 햄버거인 빅맥 가격을 달러로 환산한 후 미국 내 가격과 비교한 지수. 각 나라의 통화가치와 통화의 실제 구매력을 평가할 때 사용한다.

구매력평가설
국가 간 통화의 교환비율은 상대적으로 구매력을 반영한 수준으로 결정된다는 설

068 환율이 오르면 이익 **환차익**, 환율이 내리면 손해 **환차손**

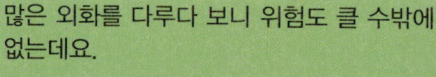

알짜 경제용어를 잡아라

경제, 환율 등을 측정하는 지수들을 정리해봤어요.

☆ S&P지수
미국의 신용분석·신용정보 회사인 스탠더드앤드푸어스(Standard & Poor's, S&P)가 발표하는 금융상품 관련 지수. S&P지수에 기초해 투자하는 자산만 전 세계적으로 1조 달러가 넘는 것으로 알려져 있다.

☆ MSCI(Morgan Stanley Capital International)
모건스탠리가 최대주주이며, 캐피탈그룹컴퍼니(Capital Group Companies)가 소액주주로 참여하고 있다. 주식, 채권, 펀드 등과 관련된 분석 도구와 지수를 발표하고 있다.

☆ 아이폰지수(iPhone Index)
스위스 연방은행 UBS(Union Bank of Switzerland)가 아이폰을 구입하기 위한 전 세계 70여 개 도시의 최소 근무 시간을 근거로 발표하는 임금 수준

☆ 인간개발지수 (HDI, Human Development Index)
소득, 교육, 실업, 환경, 건강, 종교 등 인간의 생활과 관련된 여러 가지 기본 요소들을 기초로 사회생활에서 느끼는 행복감을 측정한 지수

☆ 경제고통지수 (Economic Misery Index)
사람들이 경제적으로 얼마나 심한 고통을 느끼는지를 나타내는 지수. 특정 시점의 물가상승률과 실업률을 더해 지수로 표시한다.

☆ 경제행복지수 (Economic Happiness Index)
개인이 경제적 요인과 관련해 어느 정도의 만족과 기쁨을 느끼는지를 평가하는 지수. 100에 가까울수록 행복하고 0에 가까울수록 불행하다고 느끼고 있음을 의미한다.

☆ 소비자심리지수 (CSI, Consumer Survey Index)
현재 생활 형편, 가계 수입 전망, 소비 지출 전망 등 6개의 주요 개별 지수를 표준화해 합성한 지수. 전반적인 소비자심리를 종합적으로 판단하는 데 유용하다.

☆ 수출입물가지수
수출입 상품의 가격 변동이 국내 물가에 어떤 영향을 미치는지 파악할 수 있는 지수

알짜 경제용어를 잡아라

환율과 관련된 용어입니다. 조금 어려워요.

☆ 고정환율제 (Fixed Exchange Rate System)
환율 변동이 없거나 그 변동폭이 극히 제한되는 환율제도. 가장 고전적인 고정환율제는 금본위제다.

☆ 변동환율제
외환시장에서 외환 수급에 따라 자유롭게 환율이 결정되는 환율제도

☆ 환율 스프레드
외환을 살 때 가격과 팔 때 가격의 차이

☆ 환율 하락
환율이란 서로 다른 통화 간의 교환비율로, 한 나라의 화폐가치를 다른 나라의 화폐가치로 표현한 것이다. 환율 하락은 외국 화폐에 대한 해당 통화의 교환비율이 떨어지는 현상을 말한다.

☆ 평가절하(Devaluation)
한 나라의 통화가치가 대외적으로 떨어지는 것을 말한다. 한 나라가 자국 통화가치를 평가절하하면 수출 가격이 낮아져 경쟁력이 강화되는 반면, 수입 가격 상승으로 물가는 오르게 된다.

☆ 평가절상(Revaluation)
일반적으로 고정환율제도를 채택하고 있는 일국통화 체제에서 자국 통화의 대외가치를 인상 조정하는 것을 말한다.

☆ 킹스턴 체제(Kingston System)
1976년 1월 자메이카의 수도 킹스턴에서 개최된 IMF 잠정위원회에서 새로운 환율제도에 대해 합의한 국제통화 시스템

☆ 플라자합의(Plaza Agreement)
1985년 9월 22일 미국 뉴욕의 플라자호텔에서 미국의 달러화 강세를 완화하려는 목적으로 미국, 영국, 프랑스, 독일, 일본의 재무장관과 중앙은행 총재들이 맺은 합의

THE ECONOMY IN CARTOON

국가부도 **모라토리엄**, 국가파산 **디폴트**

069

★TIP

모라토리엄
채무지불유예. 한 국가가 경제적·정치적인 이유로 외국에서 빌려온 차관에 대해 일시적으로 상환을 연기하는 것을 말한다. 하지만 상환을 유예한다 하더라도 국제적으로 신용이 하락했기 때문에 대외거래에 갖가지 장애가 뒤따른다. 또한 환율이 급등하고 신용경색으로 인해 물가가 급등해 전반적으로 심각한 경제적 혼란을 겪게 된다. 모라토리엄을 선언하면 채권국은 채무국과 채무조정 작업을 하게 된다. 만기를 연장하거나 여러 형태의 구조조정 작업을 통해 신뢰도를 높이는 것이다.

디폴트
채무불이행. 모라토리엄이 빚 갚는 시점을 뒤로 미루는 것이라면, 디폴트는 빚에 대한 원금이나 이자를 도저히 지불할 수 없는 상태를 말한다.

070 경제 영웅에서 골칫덩이로! GM과 포드는 **추락한 천사**

THE ECONOMY IN CARTOON

071

THE ECONOMY IN CARTOON

기업과 국가의 재무 성적표
신용등급

알짜 경제용어를 잡아라

알아두면 좋은 일본, 중국 경제 관련 용어들을 모아봤어요.

☆ 엔저(円低)현상
일본의 통화인 엔화의 가치가 떨어지는 현상

☆ 사토리세대
사토리는 '깨달음', '득도'라는 뜻을 지닌 일본어로, 1980년대 후반부터 1990년대에 태어나 돈벌이는 물론 출세에도 관심이 없는 일본의 젊은이들을 일컫는 말이다.

☆ 투하오(土豪)
'촌스럽다'라는 뜻의 중국어 '투(土)'와 부자를 뜻하는 '하오(豪)'가 합쳐진 말로, '교양과 지식이 없는 벼락부자'를 의미한다.

☆ 주링허우세대(九零後 世代)
중국이 개혁·개방으로 경제적 부를 이룬 1990년 이후 태어난 젊은 세대. 개성이 뚜렷하며 패션, 화장품, IT 제품에 관심이 많다. 진취적이고 개방적이지만 주로 외동으로 태어나 연약하고 개인주의적 성향이 심하다.

☆ 후강통(沪港通)
상하이와 홍콩을 서로 통하게 한다는 의미로, 중국 상하이증권거래소와 홍콩증권거래소의 교차매매가 허용되는 제도를 말한다. 외국인투자자들도 이 제도를 이용해 상하이증시와 홍콩증시의 상장주식을 직접 매매할 수 있다.

☆ 차이나플레이션(Chinaflation)
'중국(China)'과 '인플레이션(Inflation)'의 합성어로, 중국발 인플레이션을 의미한다. 전 세계 물가안정에 기여하던 중국의 저임금 시대가 끝나가면서 중국 제품의 가격이 올라 각국의 물가 상승을 자극하는 현상을 일컫는다.

알아두면 좋은 경제학자 ⑦

하이먼 민스키
(Hyman Minsky, 1919~1996년, 미국)

- 금융불안정론과 투자자들의 매커니즘을 설명한 경제학자
- 현 경제의 내재적 불안정성 발견
- 대표 저서: 《불안정한 경제를 살리는 법》

일곱 번째로 알아볼 경제학자는 2008년 미국발 금융위기 이후 주목받기 시작한 하이먼 민스키야. 민스키만큼 많은 업적을 남기고도 널리 인정받지 못한 경제학자는 없다고 할 정도로 생전에는 이름을 날리지 못했어. 하지만 '자본주의 경제는 기본적으로 불안정하다'라는 그의 이론은 금융위기로 빛을 발하게 되었지.

금융을 기초로 한 자본주의는 불안정하다
민스키는 존 메이너드 케인스의 이론을 발전시킨 학자로, 금융을 기초로 한 자본주의 경제의 불안정성에 대해 주장했어. 현대 경제는 은행에서 부채를 통해 투자 자금을 조달하고, 이 자금을 상환하는 '화폐경제'라고 생각했어. 따라서 경기가 상승하고 하락하는 경기 변동을 겪는 과정에서 사람들이 부채에 대해 어떤 태도를 갖고, 어떤 결정을 내리는지에 따라 불안정성이 발견된다는 거야. 만약 경제가 안정적이고 호황이라면 사람들은 점차 부를 늘리겠지. 그런데 많은 사람이 상당한 부채를 가지게 되면 아주 작은 사건으로도 큰 충격이 발생한다는 거야. 외부 충격 없이도 스스로 붕괴된다는 거지.

부채를 기반으로 부풀려진 현대 경제의 붕괴는 당연한 결과?

1987년 블랙먼데이, 1994년 멕시코 외환위기, 1997년 아시아 IMF위기, 2000년 닷컴 파동, 2008년 서브프라임모기지 등은 모두 금융위기로 촉발되었어. 이처럼 전형적인 금융위기가 반복되는 이유를 애덤 스미스로 대표되는 보수 주류 경제학이 설명하고 해결하지 못하자 사람들은 민스키에게 관심을 갖게 되었어. 민스키는 많은 사람이 투자를 하는 것은 미래 수익에 대해 낙관적인 기대를 갖기 때문이고, 미래에 대한 불확실성 때문에 투자는 투기로 이어질 수밖에 없다고 보았어. 따라서 우리 경제는 근본적으로 이런 불확실성을 가지고 있고, 이는 자본주의의 기본 특성이라고 보았지.

일자리를 원하는 모두를 정부가 고용하라

민스키는 금융위기의 해결책으로 가난한 실업자들에게 먼저 일자리를 주는 것을 제안했어. 금융위기로 무너진 큰 기업에 공적자금을 투입할 것이 아니라 최저임금으로라도 일자리를 원하는 사람들에게 정부가 일거리를 주는 것이 보다 나은 해결책이라고 생각한 거야. 큰 기업에 공적자금을 투입하면 소수의 사람이 정부의 지원을 받는 반면, 모두에게 일자리를 주면 더 많은 사람이 골고루 정부의 지원을 받게 되고, 이는 경제에 더 큰 파급효과를 낼 것이라며 목소리를 높였지. 하지만 정부는 그의 주장을 받아들이지 않았어.

사실 민스키는 2008년 금융위기 이전에는 거의 알려지지 않았어. 하지만 현재 금융위기의 해결책을 제시하기 위해선 반드시 알아두어야 하는 학자로 급부상했지. 국내에는 거의 알려져 있지 않지만 그에 대한 연구가 더 이루어진다면 경제위기를 돌파할 해결책을 찾을 수도 있지 않을까?

알아두면 좋은 경제학자 ⑬

루트비히 폰 미제스
(Ludwig von Mises, 1881~1973년, 오스트리아)

- 한 개인의 특성을 중시한 경제학자
- 금융위기를 예측해 주목받은 학자
- 대표 저서: 《화폐와 신용의 이론》, 《인간행동론》

마지막으로 알아볼 경제학자는 오스트리아학파의 대표로 유명한 루트비히 폰 미제스야. 미제스 역시 경기변동론에 근거해 금융위기를 미리 예측해 주목받는 학자가 되었지. 그의 이론이 주목받게 된 배경이 재미있어. 바로 주류 경제학에 대한 반성에서 시작되었거든.

케인스식 거시경제의 실패

존 메이너드 케인스의 이론이 의심을 받게 된 이유는 금융위기와 같은 큰 위기를 예측하지 못하고, 위기에 적합한 대책을 마련하지 못했기 때문이야. 만약 케인스의 주장이 맞다면, 경기가 침체되어도 정부가 재정지출을 통해 경기를 활성화시킬 수 있어야 해. 하지만 정부의 재정지출로도 경제가 다시 살아나지 않는다는 것을 모두가 알게 되었지.

효율적 시장 가설을 핵심으로 한 미시경제의 실패

주류 미시경제학은 각 개인은 자신의 효용을 최대화하는 선택을 하고, 시장은 언제나 균형 상태를 유지하므로, 정부가 인위적으로 개입해도 경기 변동은 있을 수 없다고 주장했어. 즉 시장가격은 언제나 균형가격이라고 했지. 하지만 서브프라임 모기지 위기 당시 '미국의 부동산 가격이 정말 균형가격이었을까' 하는 의심을 받으면서 미시경제학도 신뢰를 잃었어.

새로운 경제를 이야기하는 오스트리아학파

미제스는 오스트리아 태생으로 제2차 세계대전 이후 미국으로 이주해 활동했어. 그는 사회주의에서는 합리적인 경제 계산이 불가능해 실패할 수밖에 없다고 예언했어. 반면 자본주의 경제에는 수요와 공급이 균형을 맞추도록 움직이는 가격이 존재하는데, 자원의 상대적 희소성을 반영하는 이러한 가격기구가 자원의 효율적 분배를 달성하도록 한다고 했지. 특히 개성이 없는 무차별한 개인이 아니라 상이한 욕구를 가지고 나름대로 합리적인 행동을 하는 개인의 선호와 선택이 시장경제를 만든다고 했어. 즉 인간행동학에 바탕을 두고 경제를 연구했지. 기존의 계량경제학이나 수학적 경제학보다는 좀 더 인간 중심의 경제학을 했다고 할 수 있어. 그의 선구자적인 업적과 박학한 해설은 오늘날 오스트리아학파의 학문적 기반이 되었어. 자유주의는 그의 제자인 프리드리히 하이에크, 머레이 로스바드, 이스라엘 커즈너 등 최고의 사상가들을 통해 이어져 21세기 시대정신으로 자리잡을 수 있었지.

그동안 미제스는 주류 경제학과 거리가 멀어 많은 주목을 받지 못했어. 하지만 현 경제학에 대해 문제의식을 가지고 있다면 새로운 대안의 출발지로 미제스를 주목해도 괜찮을 거야.

THE ECONOMY IN CARTOON

특별 부록

경제 상식 퀴즈

경제 상식 Quiz

지금까지 만화로 쉽게 익힌 내용을 경제 상식 퀴즈로 확인하고 경제 박사가 되어보세요.

001 어떤 재화의 용도 중 어느 하나를 포기할 경우, 포기하지 않았다면 얻을 수 있는 이익 중 가장 큰 가치를 가진 것을 의미하는 용어는?
Ⓐ 매몰비용　　Ⓑ 기회비용　　Ⓒ 손절매　　Ⓓ 가치비용

002 한낮의 길이가 밤보다 길어지는 봄부터 가을까지 시계를 표준 시간보다 1시간 앞당겨놓음으로써 낮 시간의 활용도를 높이는 제도의 이름은?
Ⓐ 스프링타　　Ⓑ 인저리타임　　Ⓒ 윈터타임　　Ⓓ 서머타임

003 주가 하락을 예상해 보유 주식을 매입가 이하로 손해를 보고 파는 일은?
Ⓐ 손입매　　Ⓑ 손절매　　Ⓒ 매몰　　Ⓓ 기펜재

004 근무 시간에 주식투자나 게임, SNS 등 업무 이외의 용도로 인터넷을 사용함으로써 업무에 방해가 되는 모든 행위를 일컫는 용어는?
Ⓐ 테크노스트레스　　Ⓑ 사이버슬래킹　　Ⓒ 데이터스모그　　Ⓓ 코스의 정리

005 다음 중 재산가치를 지니고 통용되는 유가증권이 아닌 것은?
Ⓐ 금　　Ⓑ 어음　　Ⓒ 채권　　Ⓓ 수표

006 비상장기업이 합병, 주식교환, 제3자 배정 유상증자 등을 통해 상장기업 경영권을 인수해 사실상 상장효과를 누리는 행위는?
Ⓐ 간접상장　　Ⓑ 경영상장　　Ⓒ 인수상장　　Ⓓ 우회상장

007 외국 통화 1단위와 교환할 수 있는 자국 통화의 단위 수를 나타내는 것으로, 외국통화표시법보다 자연스럽게 다가오는 환율이며, 대부분의 나라에서 사용하고 있는 것은?
Ⓐ 자국통화표시법　　Ⓑ 달러환산표시법　　Ⓒ 1단위표시법　　Ⓓ 국제통화표시법

THE ECONOMY IN CARTOON

008 중국 관련 종목을 가리키는 말로, 홍콩증권거래소에 상장된 기업 중 중국 정부와 국영기업이 지분을 가지고 있는 기업들의 주식을 뜻하는 용어는?

  Ⓐ 차이나칩   Ⓑ 레드칩   Ⓒ 블루칩   Ⓓ 홍콩칩

009 선물 가격이 전일 종가 대비 5% 이상 상승 또는 하락해 1분간 지속될 때 발동하며, 일단 발동하면 주식시장 매매 호가의 효력이 5분간 정지되는 프로그램 매매호가 관리제도의 명칭은?

  Ⓐ 스톱카   Ⓑ 사이드카   Ⓒ 오픈카   Ⓓ 옵션카

010 일정 시점에서 미국 맥도날드의 햄버거인 빅맥 가격을 달러로 환산한 후 미국 내 가격과 비교한 지수로, 각 나라의 통화가치와 통화의 실제구매력을 평가할 때 사용하는 것은?

  Ⓐ 맥도날드지수   Ⓑ 통화지수   Ⓒ 빅맥지수   Ⓓ 달러지수

011 뉴욕의 다우존스가 매일 발표하는 뉴욕 주식시장의 평균 주가로, 대표적인 30개 회사의 주가를 단순평균해서 발표하는 것은?

  Ⓐ 나스닥   Ⓑ 뉴욕지수   Ⓒ 나스피   Ⓓ 다우지수

012 정보를 많이 가진 판매자와 정보가 없는 구매자 간에 거래가 이루어지면서 결국 불량품만 판매되어 소비자의 외면을 받는 시장을 일컫는 말은?

  Ⓐ 피치마켓   Ⓑ 오렌지마켓   Ⓒ 자몽마켓   Ⓓ 레몬마켓

013 국제 금융시장의 중심지인 영국 런던에서 우량은행끼리 단기자금을 거래할 때 적용하는 금리는?

  Ⓐ 콜금리   Ⓑ 빅딜금리   Ⓒ 리보금리   Ⓓ 우량금리

014 실제로는 환경에 악영향을 미치지만 허위 또는 왜곡된 정보를 통해 친환경적인 기업이나 제품으로 위장하는 행위를 일컫는 용어는?

  Ⓐ 그린워싱   Ⓑ 에코워싱   Ⓒ 블랙이코노미   Ⓓ 녹색뉴딜

경제 상식 Quiz

015 은행의 파산, 부도, 부실 등의 이야기로 손해볼 것을 우려해 사람들이 한꺼번에 은행에 맡긴 돈을 빼가는 사태는?
 Ⓐ 펀드런   Ⓑ 채권펀드   Ⓒ 뱅크런   Ⓓ 머니런

016 물가상승률을 감안하지 않은 금리로, 연이자율보다 물가상승폭이 크면 마이너스 금리가 되기도 하는 금리의 이름은?
 Ⓐ 고정금리   Ⓑ 명목금리   Ⓒ 공금리   Ⓓ 실세금리

017 기업이 근로의욕을 고취시키기 위해 임직원들에게 일정 기간이 지난 후 자사 주식을 매입 혹은 처분할 수 있는 권한을 부여하는 것은?
 Ⓐ 선물옵션   Ⓑ 보너스옵션   Ⓒ 스톡옵션   Ⓓ 인센티브옵션

018 회사가 납입금을 받아 유상으로 신주를 발행하거나 잉여금을 자본전입해 무상으로 신주를 발행하는 방법으로 자본금을 늘리는 행위를 일컫는 용어는?
 Ⓐ 감자   Ⓑ 호가   Ⓒ 상장   Ⓓ 증자

019 세계 신흥시장 중 가장 주목할 만한 시장인 중국(China)과 인도(India)를 결합해 만든 용어는?
 Ⓐ 인도차이나   Ⓑ 친디아   Ⓒ 인디나   Ⓓ 차이나디아

020 미국이나 유럽, 일본처럼 기존 선진국시장과 달리 개발도상국 중에서 빠른 경제성장률을 보이면서 산업화가 빠르게 진행되는 국가로 우리나라를 비롯해 중국, 브라질, 러시아, 인도 등으로 대표되는 떠오르는 시장 혹은 신흥시장을 일컫는 용어는?
 Ⓐ 이머징마켓   Ⓑ 브릭스   Ⓒ 하이업마켓   Ⓓ 이미아

021 종합주가지수가 전일에 비해 10%를 넘는 상태가 1분 이상 지속되는 경우 모든 주식 거래를 20분간 중단시키는 '주식거래중단제도'의 명칭은?
 Ⓐ 올스톱   Ⓑ 스톱프로그램   Ⓒ 서킷브레이커   Ⓓ 랠리브레이커

THE ECONOMY IN CARTOON

022 주식시장에서 주식 거래가 모두 끝난 시간에 중요한 내용을 은근슬쩍 공시하는 것으로, 주로 기업에 불리한 내용을 공시할 때 장 마감 후나 주말을 이용해 하는 공시를 일컫는 용어는?

Ⓐ 부엉이 공시　　Ⓑ 기습 공시　　Ⓒ 위켄드 공시　　Ⓓ 올빼미 공시

023 집단경쟁매매에서 거래하는 방법으로, 상품의 매수·매도 가격을 크게 외침으로써 공개적으로 거래상대방을 찾는 방법을 일컫는 용어는?

Ⓐ 공개매매　　Ⓑ 공개거래　　Ⓒ 공개호가　　Ⓓ 공개매수

024 증권시장에서 시세 변동에 따라 자동으로 주문하도록 되어 있는 컴퓨터 프로그램을 통해 이루어지는 거래로, 주식을 대량 거래하는 기관투자가가 수십 종목씩 바스켓으로 묶어 거래하는 것은?

Ⓐ 바스켓 매매　　Ⓑ PC 매매　　Ⓒ 오토 매매　　Ⓓ 프로그램 매매

025 국가, 지방자치단체, 은행, 회사 따위가 사업에 필요한 자금을 차입하기 위해 발행하는 유가증권은?

Ⓐ 주식　　Ⓑ 채권　　Ⓒ 어음　　Ⓓ 선하증권

026 증권거래소에서 매매할 수 있는 품목(종목)으로 지정하는 일은?

Ⓐ 상장　　Ⓑ 증자　　Ⓒ 품목 등록　　Ⓓ 증권 매매

027 대기업의 성장을 촉진하면 덩달아 중소기업과 소비자에게도 혜택이 돌아가 총체적으로 경기를 활성화시킬 수 있다는 경제이론은?

Ⓐ 테크노리미트　　Ⓑ 빅파이　　Ⓒ 트리클다운 효과　　Ⓓ 업앤다운

028 기업의 필요에 따라 계약직이나 임시직으로 사람을 고용하고 급여를 주는 경제를 의미하는 용어는?

Ⓐ 긱 이코노미　　Ⓑ 프리랜서　　Ⓒ 파트타임 잡　　Ⓓ 공유경제

경제 상식 Quiz

029 과거 1953년에 100원을 1환으로, 1961년에 10환을 1원으로 바꾼 것과 같이 화폐 단위를 바꾸는 것을 일컫는 용어는?
Ⓐ 인플레이션　　Ⓑ 백워데이션　　Ⓒ 크로스머천다이징　　Ⓓ 리디노미네이션

030 서로 다른 재화에서 같은 효용을 얻을 수 있는 관계를 의미하는 용어는?
Ⓐ 보완재　　Ⓑ 효용재　　Ⓒ 대체재　　Ⓓ 공공재

031 공급자와 소비자 간 경계가 허물어지면서 제품 개발, 유통 과정에도 직접 참여하는 생산적 소비자는?
Ⓐ 크리슈머　　Ⓑ 블루슈머　　Ⓒ 프로슈머　　Ⓓ 애드슈머

032 모두가 공유하는 자원을 사적 이익에 기초한 시장 기능에 맡겨두면 당세대가 남용해 고갈시킬 우려가 있다는 뜻을 가진 용어는?
Ⓐ 사유지의 비극　　Ⓑ 공유지의 비극　　Ⓒ 공유지 효과　　Ⓓ 시장의 비극

033 기업이 보고서를 통해 발표한 실적이 시장의 예상보다 저조한 것을 일컫는 용어는?
Ⓐ 어닝서프라이즈　　Ⓑ 어닝컬처　　Ⓒ 어닝쇼크　　Ⓓ 어닝숏

034 국내에서 일정 기간 내에 발생한 재화와 서비스의 순가치를 생산 면에서 포착한 총합계액을 의미하는 용어는?
Ⓐ GDP　　Ⓑ GNP　　Ⓒ GCP　　Ⓓ GAP

035 어떤 상품의 가격이 하락하면 상품 구매력이 늘어 더 많이 소비하게 되는 효과는?
Ⓐ 대체효과　　Ⓑ 세일효과　　Ⓒ 소득효과　　Ⓓ 나비효과

036 국제 간 거래에서 자본거래를 의미하는 자본수지를 제외한, 물건이나 서비스 거래에 관한 수지를 분류·정리한 것은?
Ⓐ 자본수지　　Ⓑ 경상수지　　Ⓒ 상품수지　　Ⓓ 서비스수지

THE ECONOMY IN CARTOON

037 적대적 M&A에 맞서는 방어전략 중 하나로, CEO 계약 조건에 여러 가지 부담스러운 옵션을 추가해 기업의 안정성과 인수비율을 높이는 전략은?
Ⓐ 주석낙하산 　Ⓑ 역공개매수 　Ⓒ 공개매수 　Ⓓ 황금낙하산

038 적대적 M&A의 한 방법인 공개매수에서 인수를 목표로 하는 것이 아니라 돈벌이를 목적으로 경영권을 담보로 공개매수를 한 후 비싼 값에 되파는 것을 의미하는 용어는?
Ⓐ 블랙메일 　Ⓑ 백기사 　Ⓒ 그린메일 　Ⓓ 흑기사

039 기업이 재정 상태나 경영 실적을 실제보다 좋게 보이게 할 목적으로 부당한 방법으로 자산이나 이익을 부풀려 계산하는 회계는?
Ⓐ 분식회계 　Ⓑ 섭식회계 　Ⓒ 정기회계 　Ⓓ 특별회계

040 각 나라의 화폐를 금의 가치와 연계시킨 화폐제도는?
Ⓐ 골드스미스 　Ⓑ 금본위제 　Ⓒ 달러위제 　Ⓓ 골디락스

041 소수의 투자자를 비공개로 모집해 위험성이 높은 금융파생상품을 만들어 고수익을 남기는 펀드의 이름은?
Ⓐ 사모펀드 　Ⓑ 헤지펀드 　Ⓒ 벌처펀드 　Ⓓ 콘도르펀드

042 주식의 액면가액을 일정한 비율로 나눔으로써 주식의 수를 늘리는 것은?
Ⓐ 외환가변 　Ⓑ 상장 　Ⓒ 액면분할 　Ⓓ 가액변환

043 1993년 미국에서 제정된 법률로 상업은행(예금과 대출 중심)과 투자은행(펀드 등 투자 중심)의 분리를 명시한 법은?
Ⓐ 파레토법 　Ⓑ 존슨스법 　Ⓒ 엑슨플로리오법 　Ⓓ 글래스스티걸법

044 일정 기간 안에 특정 상품을 일정한 가격으로 매매할 수 있는 권리를 거래하는 것은?
Ⓐ 옵션 　Ⓑ 선물 　Ⓒ 상장 　Ⓓ 증자

경제 상식 Quiz

045 계약 시점에서 거래할 물건의 수량과 가격, 종목 등을 미리 정해두는 것으로, 미래의 특정한 날에 물건을 사고팔기로 약속하는 거래는?
Ⓐ 선물거래 　　Ⓑ 선도계약 　　Ⓒ 선별금융 　　Ⓓ 역선택

046 생산 시설 없이 반도체 설계와 개발만을 전문적으로 수행하는 회사를 일컫는 말은?
Ⓐ 파운드리 　　Ⓑ 팹리스 　　Ⓒ 쿼드 　　Ⓓ OEM

047 국제결제은행에서 1988년 바젤협약을 통해 은행의 경영 상태를 파악하기 위해 강제한 것으로, '자기자본÷위험증가자산×100'으로 계산하는 것은?
Ⓐ BIS비율 　　Ⓑ PER비율 　　Ⓒ ROE비율 　　Ⓓ CD비율

048 매년 여름휴가를 앞둔 6~7월경에 주가가 강세를 보이는 현상을 의미하는 용어는?
Ⓐ 베케이션랠리 　　Ⓑ 바캉스랠리 　　Ⓒ 서머랠리 　　Ⓓ 서핑랠리

049 신용거래에 있어 주권을 가지고 있지 않거나 혹은 가지고 있더라도 그것을 사용하지 않고 타인으로부터 주권을 빌려 행사하는 매도를 일컫는 용어는?
Ⓐ 간접매도 　　Ⓑ 공매도 　　Ⓒ 신용매도 　　Ⓓ 분할매도

050 투자자가 속한 나라가 아닌 제3국에 조성된 펀드를 의미하는 용어는?
Ⓐ 해외펀드 　　Ⓑ 어브로드펀드 　　Ⓒ 제3펀드 　　Ⓓ 역외펀드

051 제3자에게 양도할 수 있는 정기예금증서로, 은행이 정기예금에 대해 발행하는 무기명 예금증서는?
Ⓐ CD 　　Ⓑ CP 　　Ⓒ RP 　　Ⓓ RD

052 자금이 부족한 금융기관이 잉여자금이 있는 금융기관으로부터 돈을 빌릴 때 형성되는 금리는?
Ⓐ 잉여금리 　　Ⓑ 뱅크금리 　　Ⓒ 콜금리 　　Ⓓ 론금리

THE ECONOMY IN CARTOON

053 외환을 살 때 가격과 팔 때 가격의 차이를 일컫는 용어는?
  Ⓐ 외환 버프 Ⓑ 환율 스프레드 Ⓒ 리스크 스프레드 Ⓓ 외환 리스크

054 선물환거래가 대표적인 것으로, 가격 변동 위험을 제거하기 위해 행하는 거래는?
  Ⓐ 옵션 Ⓑ 헤징 Ⓒ 포지셔닝 Ⓓ 디폴트

055 소수의 투자자로부터 모은 자금을 주식·채권 등에 투자해 운용하는 펀드로, '고수익 기업 투자 펀드'라고도 하는 펀드는?
  Ⓐ 컴퍼니펀드 Ⓑ 채권펀드 Ⓒ 사모펀드 Ⓓ 빅딜펀드

056 만기가 도래한 채무의 원금과 이자를 갚지 못하는 상황을 의미하는 용어는?
  Ⓐ 모라토리엄 Ⓑ 평가절하 Ⓒ 파산 Ⓓ 디폴트

057 '깨끗한 돈'으로 세탁한다는 의미로, 위법 행위로 얻은 부정자금을 계좌에서 계좌로 옮겨 자금 출처나 수익자를 알 수 없게 하는 것을 뜻하는 용어는?
  Ⓐ 돈세탁 Ⓑ 머니트레이드 Ⓒ 무빙머니 Ⓓ 머니클리닝

058 경기침체기에 경기부양을 목적으로 정부에서 취한 재정·통화 확대 등의 정책들을 경제에 부작용이 남지 않게 하는 선에서 거두어들이는 전략은?
  Ⓐ 수거전략 Ⓑ 출구전략 Ⓒ 확대전략 Ⓓ 부양전략

059 기존 은행으로부터 부실자산을 넘겨받아 정리하는 업무를 전문으로 하는 은행으로, 기존 은행을 '굿뱅크'로 다시 태어날 수 있게 돕는 은행은?
  Ⓐ 블랙뱅크 Ⓑ 슈퍼뱅크 Ⓒ 배드뱅크 Ⓓ 트랜스뱅크

060 신용등급이 낮은 고객에게 해준 주택대출 때문에 2008년 미국발 금융위기로 시작된 세계 경제위기의 주범으로 불리는 것은?
  Ⓐ 프라임모기지 Ⓑ 알트A모기지 Ⓒ 서브프라임모기지 Ⓓ 레드모기지

경제 상식 Quiz

061 한 국가의 경제가 인접한 다른 국가나 보편적인 세계 경제 흐름과 달리 독자적인 흐름을 보이는 현상을 말하는 용어는?
  Ⓐ 커플링　　Ⓑ 서브모델링　　Ⓒ 디커플링　　Ⓓ 디노미네이션

062 기준금리를 0.75%p 인상하는 것을 의미하는 용어는?
  Ⓐ 자이언트 스텝　　Ⓑ 점보 스텝　　Ⓒ 빅스텝　　Ⓓ 울트라 스텝

063 국제 금융시장을 이동하는 단기성 자금으로 각국의 단기금리 차이, 환율 차이에 의한 투기적 이익을 목적으로 하는 것과 국내 통화불안을 피하기 위한 자본도피, 두 종류가 있는 자금의 명칭은?
  Ⓐ 트레이드머니　　Ⓑ 무빙머니　　Ⓒ 쿨머니　　Ⓓ 핫머니

064 뮤추얼펀드의 일종으로, 포트폴리오 구성의 25% 이상을 해외증권이 차지하는 펀드는?
  Ⓐ 글로벌펀드　　Ⓑ 포트폴리오펀드　　Ⓒ 어브로드펀드　　Ⓓ 어웨이펀드

065 신용등급이 다른 여러 개의 대출증권을 섞어 만든 것으로, 서브프라임모기지 부실 사태의 원인이 되기도 했던 각종 빚문서를 하나로 모아 판매하기 쉽게 만든 증권은?
  Ⓐ CBO　　Ⓑ MBO　　Ⓒ CDO　　Ⓓ RDO

066 옵션 등을 이용해 만기를 정해놓고 만기까지 일정 조건을 충족하면 정해진 수익률을 제공하는 상품은?
  Ⓐ ELS　　Ⓑ PER　　Ⓒ EPS　　Ⓓ PBR

067 국제 간 결제나 금융거래에서 기본이 되는 화폐는?
  Ⓐ 금본위제　　Ⓑ 기축통화　　Ⓒ 달러본위제　　Ⓓ 기획통화

068 대출금리에서 예금금리를 뺀 차익을 말하며, 금융기관의 수입원이 되는 것은?
  Ⓐ 여신　　Ⓑ 환율 스프레드　　Ⓒ 예대마진　　Ⓓ 모기지론

THE ECONOMY IN CARTOON

069 금리가 낮은 일본 엔화로 돈을 빌려 미국 달러로 바꾼 뒤 금리가 높은 국가의 통화나 자산에 투자하는 방법은?
Ⓐ 일본 트레이드　　Ⓑ 엔 캐리 트레이드　　Ⓒ 엔 달러 트레이드　　Ⓓ 저팬 트레이드

070 세계 3대 신용평가회사가 아닌 것은?
Ⓐ S&P　　Ⓑ Moody's　　Ⓒ Fitch　　Ⓓ Dowjones

071 경기가 침체되면서 물가가 지속적으로 하락하는 현상은?
Ⓐ 디플레이션　　Ⓑ 인플레이션　　Ⓒ 스태그플레이션　　Ⓓ 애그플레이션

072 자산을 필요한 시기에 손실 없이 현금으로 전환할 수 있는 정도를 나타내는 용어는?
Ⓐ 기회비용　　Ⓑ 교환지수　　Ⓒ 유동성　　Ⓓ 정체성

073 자신의 의견을 강경하게 밀어붙이는 성향의 사람을 가리키는 말로, 경기과열 시 통화 긴축을 주장하는 사람들을 일컫는 용어는?
Ⓐ 매파　　Ⓑ 독수리파　　Ⓒ 올빼미파　　Ⓓ 비둘기파

074 2016년 파리에서 체결된 기후변화협약으로, 지구온난화를 막기 위해 모든 국가가 지구 평균 온도 상승을 2도 아래에서 억제하고, 1.5도를 넘지 않도록 노력하는 것을 목표로 하는 것은?
Ⓐ 교토의정서　　Ⓑ 리우협약　　Ⓒ 탄소배출권　　Ⓓ 파리기후변화협약

075 제2차 세계대전 후 각국의 전쟁 피해 복구와 개발을 위해 설립되었으며, 주로 개발도상국의 공업화를 위한 융자와 기술원조 등을 제공하는 곳은?
Ⓐ 세계정상회의　　Ⓑ 국제통화기금　　Ⓒ 경제협력개발기구　　Ⓓ 세계은행

076 명목GDP를 실질GDP로 나눈 것으로, 한 나라 안에서 거래되는 거의 모든 재화와 서비스를 대상으로 하는 가장 포괄적인 물가지수는?
Ⓐ 국제수지　　Ⓑ BSI　　Ⓒ GDP디플레이터　　Ⓓ 물가지수

⭐ 경제 상식 Quiz

077 기업에서 제공하는 각종 할인제도는 적극적으로 이용하면서 실제로 상품은 구매하지 않는 사람을 일컫는 용어는?
 Ⓐ 블루베리피커   Ⓑ 체리피커   Ⓒ 오렌지피커   Ⓓ 애플피커

078 경기 동향에 대한 기업인의 판단·예측·계획의 변화 추이를 관찰해 지수화한 지표는?
 Ⓐ 단칸지수   Ⓑ 소비자신뢰지수   Ⓒ BSI   Ⓓ CDP

079 정부의 무능과 어설픈 경제정책을 꼬집기 위한 개념으로, 물의 온도에 따라 성급히 수도꼭지를 돌리듯 성급히 경제정책을 시행하면 안 된다는 내용을 담은 용어는?
 Ⓐ 성급한 바보   Ⓑ 교실의 바보   Ⓒ 화장실의 바보   Ⓓ 샤워실의 바보

080 우리나라의 종합주가지수로, 증권시장에서 형성되는 개별 주가를 총괄적으로 묶어 전체적인 주가를 나타내는 지표는?
 Ⓐ 나스닥   Ⓑ 코스닥   Ⓒ 코스피   Ⓓ 다우지수

081 한 나라의 통화가치가 대외적으로 떨어지는 것을 의미하는 용어는?
 Ⓐ 평가절하   Ⓑ 환율약세   Ⓒ 통화절매   Ⓓ 환차손

082 인기주였다가 투자부적격 등급으로 하루아침에 추락한 기업, 발행기관의 신용도 하락으로 투자부적격이 된 채권까지 포함하는 의미로 쓰이는 용어는?
 Ⓐ 떨어진 천사   Ⓑ 추락한 천사   Ⓒ 날개 잃은 천사   Ⓓ 타락천사

083 선진국이 발전도상국에 원조하거나 투자해 생산한 물품이 현지 수요를 웃돌아 선진국으로 역수출되어 해당 산업과 경쟁하게 되는 일을 뜻하는 용어는?
 Ⓐ 리셋효과   Ⓑ 커밍백 효과   Ⓒ 부메랑 효과   Ⓓ 디커플링 효과

084 전쟁이나 지구온난화 등으로 인해 밀과 옥수수, 콩 등 농산물 가격이 급등하면서 물가가 함께 오르는 현상은?
 Ⓐ 애그리레이션   Ⓑ 애그플레이션   Ⓒ 농산물가인상   Ⓓ 그래그플레이션

THE ECONOMY IN CARTOON

085 정부의 시장 개입을 비판하고 시장의 기능과 민간의 자유로운 경제활동을 중요시하는 이론으로, 자유시장과 규제완화, 재산권 등을 중요하게 생각하는 이론은?
Ⓐ 자유경제주의　　Ⓑ 보이지 않는 손　　Ⓒ 신자유주의　　Ⓓ 스마트이론

086 신용등급이 높아 투자적격업체에 속했던 기업이 경영 악화나 실적 부진으로 신용등급이 급격히 낮아졌을 때 과거에 그 기업이 발행한 채권을 의미하는 용어는?
Ⓐ 배드본드　　Ⓑ 디폴트본드　　Ⓒ 캔본드　　Ⓓ 정크본드

087 경제가 적당히 성장하면서 물가가 오르지 않는 바람직한 상태를 의미하는 용어는?
Ⓐ 골디락스　　Ⓑ 실버락스　　Ⓒ 골드락커　　Ⓓ 실버락커

088 한 사회에서 가치가 작은 화폐나 상품(은화) 때문에 가치가 큰 화폐나 상품(금화)이 유통에서 배제된다는 법칙은?
Ⓐ 파레토의 법칙　　Ⓑ 파킨슨의 법칙　　Ⓒ 그레셤의 법칙　　Ⓓ 깨진 유리창의 법칙

089 주식의 저평가 여부를 판단하는 척도로, 1주의 주가를 1주당 순이익으로 나누어 계산하는 것은?
Ⓐ EPS　　Ⓑ PBR　　Ⓒ PER　　Ⓓ ELS

090 영국 금융감독청이 2015년에 최초로 도입하며 생긴 용어로, 안전한 환경 안에서 신규 사업을 운영하도록 하는 제도는?
Ⓐ 핀테크　　Ⓑ 쇼박스　　Ⓒ 플레이 그라운드　　Ⓓ 규제 샌드박스

091 환율 변동이 없거나 그 변동폭이 극히 제한되는 환율제도는?
Ⓐ 평가절하　　Ⓑ 고정환율제　　Ⓒ 변동환율제　　Ⓓ 소폭환율제

092 가격이 오르는데도 일부 계층의 과시욕이나 허영심 때문에 수요가 줄어들지 않는 현상을 뜻하는 용어는?
Ⓐ 베블런 효과　　Ⓑ 파급 효과　　Ⓒ 배부른 효과　　Ⓓ 디폴트 효과

경제 상식 Quiz

093 파산한 기업이나 자금난에 부딪혀 경영위기에 처한 기업을 싼값에 인수해 경영을 정상화한 후 비싼 값으로 되팔아 단기간에 고수익을 올리는 자금으로, 고위험·고수익을 특징으로 하는 펀드는?
Ⓐ 헤지펀드　　Ⓑ 숏펀드　　Ⓒ 벌처펀드　　Ⓓ 사모펀드

094 외환거래 시 매도액보다 매입액이 많은 상황을 의미하는 용어는?
Ⓐ 숏 포지션　　Ⓑ 스퀘어 포지션　　Ⓒ 롱 포지션　　Ⓓ 세임 포지션

095 채무를 언젠가는 갚겠지만 현 상황에서는 도저히 갚을 능력이 없으니 지불을 일정 기간 유예하겠다고 선언하는 것을 의미하는 용어는?
Ⓐ 디폴트　　Ⓑ 파산　　Ⓒ 모라토리엄　　Ⓓ 벨리즈

096 고객이 은행에 예금한 돈 중에서 일정 비율의 금액을 중앙은행에 의무로 예치하도록 한 제도는?
Ⓐ 달러본위제　　Ⓑ 지급준비제도　　Ⓒ 금본위제　　Ⓓ 예금비율제도

097 1990년대 일본이 제로금리에 가깝게 금리를 낮추었음에도 돈을 빌려서 투자하는 기업이 없어 장기 경기침체를 겪어야 했던 시기를 일컫는 용어는?
Ⓐ IMF　　Ⓑ 90경기침체　　Ⓒ 추락한 일본　　Ⓓ 잃어버린 30년

098 삼성전자나 포스코처럼 주식시장의 대형 우량주를 의미하는 용어는?
Ⓐ 블루칩　　Ⓑ 빅칩　　Ⓒ 레드칩　　Ⓓ 핫칩

099 크리스마스를 전후한 연말과 신년 초에 주가가 강세를 보이는 현상은?
Ⓐ 크리스마스랠리　　Ⓑ 뉴이어랠리　　Ⓒ 산타랠리　　Ⓓ 해피랠리

100 기업이 부도 선언을 하면 법정관리에 들어가는 것처럼 국가가 모라토리엄 선언을 하면 채무국과 채권국 간에 협상이 시작되는데, 이것을 의미하는 용어는?
Ⓐ 리스케줄링　　Ⓑ 디노미네이션　　Ⓒ 리플레이션　　Ⓓ 머니론더링

THE ECONOMY IN CARTOON

정답

001 Ⓑ	002 Ⓓ	003 Ⓑ	004 Ⓑ	005 Ⓐ	006 Ⓓ	007 Ⓐ	008 Ⓑ	009 Ⓑ	010 Ⓒ
011 Ⓓ	012 Ⓓ	013 Ⓒ	014 Ⓐ	015 Ⓒ	016 Ⓑ	017 Ⓒ	018 Ⓓ	019 Ⓑ	020 Ⓐ
021 Ⓒ	022 Ⓓ	023 Ⓒ	024 Ⓓ	025 Ⓑ	026 Ⓐ	027 Ⓒ	028 Ⓐ	029 Ⓓ	030 Ⓒ
031 Ⓒ	032 Ⓑ	033 Ⓒ	034 Ⓐ	035 Ⓒ	036 Ⓑ	037 Ⓓ	038 Ⓒ	039 Ⓐ	040 Ⓑ
041 Ⓑ	042 Ⓒ	043 Ⓓ	044 Ⓐ	045 Ⓐ	046 Ⓑ	047 Ⓐ	048 Ⓒ	049 Ⓑ	050 Ⓓ
051 Ⓐ	052 Ⓒ	053 Ⓑ	054 Ⓑ	055 Ⓒ	056 Ⓓ	057 Ⓐ	058 Ⓑ	059 Ⓒ	060 Ⓒ
061 Ⓒ	062 Ⓐ	063 Ⓓ	064 Ⓑ	065 Ⓒ	066 Ⓐ	067 Ⓑ	068 Ⓒ	069 Ⓑ	070 Ⓒ
071 Ⓐ	072 Ⓒ	073 Ⓐ	074 Ⓓ	075 Ⓓ	076 Ⓒ	077 Ⓑ	078 Ⓒ	079 Ⓓ	080 Ⓒ
081 Ⓐ	082 Ⓑ	083 Ⓒ	084 Ⓑ	085 Ⓒ	086 Ⓓ	087 Ⓐ	088 Ⓒ	089 Ⓒ	090 Ⓓ
091 Ⓑ	092 Ⓐ	093 Ⓒ	094 Ⓒ	095 Ⓒ	096 Ⓑ	097 Ⓓ	098 Ⓐ	099 Ⓒ	100 Ⓐ

MEMO

경제학이 처음인 당신을 위해 준비했다!
위대한 경제학자 8인이 들려주는
《만화 경제학 강의》

조립식, 조윤형 지음 | 258쪽 | 15,000원

단 한 권으로 《자본론》, 《국부론》, 케인스까지 알게 된다!
경제학자 8인과 떠나는 특별한 시간 여행!